The Biblical Storytelling • 에스더

참 예쁜 사람

참 예쁜 사람

2008년 4월 10일 초판 1쇄 인쇄
2008년 4 월 20일 초판 1쇄 발행

저 자 • 조 관 호
발행인 • 조 경 혜
발행처 • 도서출판 그리심
156-763 서울시 동작구 사당5동 196 인정 B-B01

등록번호 • 제 7-258호(1998. 4. 23)
출 판 사 • 전화 523-7589 팩스 523-7590
홈페이지 • http://grisim.biz
전자우편 • grisimcho@hanmail.net

값 : 표지 뒷면에

ISBN 978-89-5799-193-0 93230

참 예쁜 사람

조 관 호

서울신학대학과 감리교 신학대학 신학대학원,
아세아연합신학대학원에서 공부하고
육군 군목으로 사역하는 동안 전방 부대에서 2년,
군병원에서 3년을 사역했다.
군 제대 후 도미하여 California에 있는
Azusa Pacific University 대학원에서 공부한 후 Kentucky에 소재한
남침례교신학교(The Southern Baptist Theological Seminary)에서
The Biblical Storytelling Bible Study Methodology로
목회학 박사 학위를 받았다.
러시아 교회와 동유럽 지역 교회 목회자들과 지도자들에게
The Biblical Storytelling 방법론을 소개하면서 섬기고 있다.
LA 동양 선교교회에서 선교 목사로 사역한 후
현재는 LA 근교 은혜로교회(Grace Road Church)
담임 목사로 섬기고 있다.

그리심

에스더 이야기는

비극 속에서 핀 아름다운 꽃 이야기라고나 할까요?
에스더는 포로였거든요. 그의 사촌 오빠도 그렇구요.
그런데 그 참혹한 환경 가운데 있던 자들이
수많은 사람들을 구해내는 거룩한 일을 했던 겁니다.

그들이 은혜를 받았답니다.
모르드개는 수문장이라는 직업을 얻는 은혜
에스더는 왕비가 되는 은혜를 얻었답니다.
그래서 행복(?) 했을 수도 있었지요.

그런데 은혜를 누리기만 하지 않았네요.
은혜를 다른 사람 위한 것으로 돌렸답니다.
참된 은혜는 아주 중요한 일에
목숨까지 내놓는 희생자로 만드는가 봅니다.

contents

에스더

contents

비블리컬 스토리텔링

(The Biblical Storytelling)에 대해...

Ⅰ. Biblical Storytelling과 Storytelling은 어떻게 다른가?

설교학에서 말하는 Storytelling은 설교의 전달에 대한 기법(技法)을 말합니다. 오래 전부터 알려진 내러티브(Narrative) 설교 방식과 비슷한 기법입니다. Storytelling 설교 기법을 설명하면서 예수님의 설교 방식이 이야기식이었다는 것을 증명하려고 합니다. 그러면서 오늘날의 설교자도 예수님처럼 이야기식 설교를 할 때 설교 전달에 효과가 있다고 소개를 하는 겁니다. 성경의 이야기들이 독특한 언어를 사용하여 기록되었기에 설교에도 효과적인 전달을 위해 성경이 노력한 것과 같은 노력을 기울일 때 전하고 싶은 내용이 잘 전달된다는 것을 말하는 거지요. 전하고 싶은 내용을 위해 성경은 비유를 사용했고 시(詩)나 잠언, 연설, 기도, 역사, 전기(傳記) 등과 같은 것을 도입한 것처럼 설교도 전달하고 싶은 것을 효과적으로 전달하기기 위해 그런 방법을 도입해야 한다는 걸 말합니다.

Storytelling 기법 설교자로 잘 알려진 유진 로우리(Eugene Lowry)

가 강조하는 것이 그런 의미입니다. 다른 말로 하면 전달하고 싶은 것을 드라마처럼 혹은 상상을 가져오도록 설교를 구성하라는 거지요.

Storytelling 기법의 설교는 미국의 유명한 소설가인 존 그래샴(John Gresham)이라고 하는 분의 기법을 탁월한 기법으로 많이 소개합니다. 그의 이야기는 전하고 싶은 이야기를 평범하게 시작하면 충분히 전달이 되지 않으니 놀람(Surprise)으로 시작한다고 합니다. 서론을 평범하게 하고 나면 이미 시작부터 결론을 상상하기 때문에 식상하다는 거지요. 또한 이야기 중간에 긴장을 조성하는 편집을 잘해야 한다는 겁니다. 그러다가 결론에 가서는 간단하게 하되 적어도 5분을 넘기지 않는 것이 효과적인 이야기가 될 것이라는 가르침입니다. 그래샴의 그러한 기법이 설교에 도입이 되면 설교 전달에 매우 효과적일 거라는 거지요.

필자가 말하는 Biblical Storytelling은 전달 기법을 말하는 Storytelling과 다릅니다. Biblical Storytelling은 전달 기법이 아니라 내용을 말하는 겁니다. 내용이란 성경을 말합니다. 성경을 통해서 설교하는 것, 성경의 이야기만을 말하는 걸 Biblical Storytelling 설교라고 하는 겁니다. 설교자가 하고 싶은 이야기(주제나 제목)를 정해 놓았다 하더라도 성경 속에 있는 이야기를 통해 그 목적을 이루는 걸 말합니다. 탕자의 비유에 관한 본문을 가지고 설교할 때 그 본문만 가지고 이야기를 만드는 겁니다. 아버지의 심정, 아들들의 심정, 계획, 떨어진 부자(父子)의 서로 다른 생각들, 돌아온 아들에 대한 아버지의 갈등... 이러한 것에 집중적으로 생각을 투자하는 겁니다. 그러기 위해서는 수많은 성경 신학적 연구가 필요합니다. 당시의 습관, 지리적 배경, 가정 윤리, 제도와 같은 것들입니다. 거기에 성경에 등장하는 인물들의 심리를 파헤치는 거지요. 그것을 잘 전달하는 걸 Biblical Storytelling 설교라고 하는 겁니다.

Biblical Storytelling 설교에는 본문을 돕기 위해 다른 이야기를 도입하긴 합니다만 그 빌려온 이야기조차도 오직 성경 속에 있는 이야기로 한다는 겁니다. 현재 생존해 있는 사람의 이야기를 가지고 설교의 한 예로 들면서 설교를 돕지 않습니다. 읽은 소설이나 잡지에서 얻은 아이디어를 가지고 설교를 돕도록 하지 않습니다. 훌륭한 성현들의 글귀를 통해 설교에 도움을 받지 않습니다. 설교를 더욱 권위 있게 만들고 도울 수 있으며 능력 있게 하는 것에는 성경만한 것이 없기 때문입니다. 오래 전 어른들은 이런 것을 성경으로 성경을 푼다는 말로 표현하시곤 했던 겁니다.

II. Biblical Storytelling 설교를 하게 된 이유들

필자가 Biblical Storytelling을 하게 된 동기가 있습니다. 필자는 목사 안수를 받고 육군 군목으로 사역을 시작하였었습니다. 20대 중반의

젊은 목사가 패기 하나로 군인 교회 담임을 맡게 되었는데 내용이 준비되어 있지 않았던 겁니다. 그 내용은 설교라는 거였습니다. 선배 목사님들이 하시는 설교에는 비평도 하고 불평을 하던 제가 현실 속에서 설교를 해야 할 때는 엄청난 스트레스를 받았던 겁니다. 주일이 왜 그렇게도 발리 오는지 숨쉴 틈 없이 설교 준비를 해야 했던 거지요. 물론 주일만 설교하는 것이 아니었습니다. 수요 예배는 물론 목사가 가는 곳에서는 설교를 해야 했던 겁니다. 그 때를 고백하면 부끄럽지만 설교집을 베낄 수밖에 없었습니다.

설교를 베끼면서도 의문점들이 많았습니다. 설교집마다 제가 알지도 못하는 훌륭한 사람들의 금언이나 저서들이 소개되고 있었고 기가 막힌 예화들이 놀라게 했던 거지요. 그러면서 가진 의문이 '과연 목사님들이 이런 분들을 알고 있는 걸까 혹은 소개하는 책들을 정말 읽고 그 가운데 좋은 금언을 뽑아내신 걸까? 사용하는 예하는 어떻게 얻어낸 걸까?' 하는 궁금함들이었던 겁니다. 그러면서 목회자로서의 자신감이 사라지곤 했지요.

설교를 해야 하는 사람으로서 설교 내용도 무척이나 고민이 되었지만 내용을 생각하기 이전부터 고민은 엄청 났습니다. '본문은 어떤 걸로 할까? 본문이 결정되면 제목은 어떻게 해야 하는가?' 하는 것들이었지요. 고민 끝에 기껏 결정한 설교들은 이미 익숙해져 있는 것들에 국한되고 있었던 겁니다. 다시 말하면 성경을 지독하게도 모르는 자신을 발견한 겁니다. (그렇게 두꺼운 성경인데도 설교할 게 없다는 게 한심하게 보였던 거지요.)

설교를 하면서도 제대로 하는 건지도 모르고 했습니다. 그야말로 멋진(?) 설교를 만들어 청중들의 잘한다(?)는 평가의 소리에 관심이 있었던 겁니다.

그런 시간들을 보내는 가운데 자신을 향한 양심선언을 한 겁니다. '난 성경을 모르는 사람이다!' 라고 말입니다. 그러고는 성경을 읽고 연구하기 시작했습니다. 그러다 보니 주석이 필요했고 성경학자들이 만들어 놓은 업적들의 고귀함을 알기 시작한 겁니다. 그 때부터 성경이 알아지기 시작한 겁니다. 성경의 이야기 하나하나가 나를 이야기 하는 거였습니다. 성경을 읽으면서 내 자신이 한 꺼풀 한 꺼풀 벗겨지는 거였답니다. 모든 문제들이 성경 속에 기록되어 있었고 해결의 방법까지도 있었던 겁니다. 그렇게 발견한 것들을 강단에서 소개한 거지요. 소위 설교한 겁니다. '어떻게 무엇을 설교할까? 어떤 본문을 가지고 어떤 제목으로 설교해야 하는가?' 하는 고민은 아침 안개가 바람에 사라지는 것처럼 사라졌습니다. 오직 깨달아 재미있는 내용(이야기)을 알리고 싶은 마음으로 흥분되었던 겁니다. 읽고 발견한 것들만 전해도 나 자신은 물론 청중들도 무척이나 흥미 있어 했고 소위 말하는 은혜를 받는 거였죠. 그 때부터 설교를 그렇게 하기 시작한 겁니다. 여타 책을 뒤적거려야 한다는 부담으로부터 자유롭기 시작했습니다. 훌륭한 인물의 잠언을 인용해야 한다는 부담도 사라졌습니다. 유명한 책과 저자를 말해야 한다는 것으로부터도 자유함을 누린 겁니다. 어떤 책도, 어떤 훌륭한 인물도, 어떤 금언과 잠언 경구도, 어떤 역사 이야기도 성경만한 것이 없다는 것을 깨달은 겁니다. 그러한 것들은 설교자인 나의 괜찮음(?)을 보여주는 건지는 모르지만 성경의 권위와는 비교할 수 없는 것들이라는 걸 깨달은 것이지요. 다른 이야기를 말하는 것보다는 성경 이야기를 말하는 것이 사람을 변화시키는 최고의 능력임을 발견한 겁니다.

Ⅲ. 어떻게 하는 것이 Biblical Storytelling 설교인가?

말이 거창해서 그렇지 Biblical Storytelling 설교를 하는 방법은 특이한 것도 새로운 것도 아닙니다. 설교하는 사람이라면 이미 하고 있는 것이라 생각이 듭니다. 그러나 필자의 설교와 글을 이런 제목으로 명명하는 데는 몇 가지 기준이 있습니다.

첫째는 설교자가 청중들에게 전하려고 목적한 것을 이루기 위한 수단들로 성경의 이야기를 최대한으로 사용한다는 겁니다. 주제 설교를 하더라도 그 주제를 풀어가는 자료들이 성경 전체 속에 있는 이야기들이라는 겁니다. 강해 설교를 하더라도 세상에서 일어나는 일들을 가지고 하고자 하는 강해의 이해를 돕는 것이 아니라 성경 속의 이야기들을 가지고 풀어가는 겁니다.

둘째는 성경 본문에 대한 깊은 연구가 필요합니다. 본문 배경을 제대로 모르고 성경을 이야기 하면 본문 이야기와는 상관없는, 엉뚱함에도 불구하고 훌륭한 교훈(?)이 만들어 질수가 있지요. 설교자는 훌륭한 이야기나 괜찮은 교훈을 만들어 내는 사람이 아니라 바른 교훈, 다시 말하면 하나님이 성경을 통해 말씀하시고 싶은 것을 제대로 전하는 사람이기 때문입니다. 그러므로 충실한 주석과 학자들의 도움을 받아야 하는 겁니다.

셋째는 성경의 이야기 주인공이 설교자 자신으로 하면서 읽고 연구하는 겁니다. 청중을 주인공으로 하면서 성경을 보면 옳고 그름을 분별하는 것에 관심이 갑니다. 그러나 자신을 주인공으로 하면 이해를 만들어 가면서 해석하게 됩니다. 다시 말하면 자기를 변호하기 위해 많은 생각을 하게 되지요. 예를 들면, 노아가 홍수 후에 술을 먹고 추태를 부린 내용이 청중 중심으로 보면 술 먹지 말라는 쪽으로 생각이 기울어집니다만 나 자신의 중심으로 보면 말동무 하나 없이 지루하고 적막한 시간들을 보내는 고독으로 말미암았겠구나 하는 이해 쪽으로의 생각이 된다는 겁니다. 로마서를 설교할 때도 내가 로마서를 쓰는 사람이고 반면에 내가 바울로부터 로마서 편지를 받아 읽는 사람이 되어야 한다는 것이지요.

넷째는 본문 전체를 말해야 한다는 겁니다. 선택한 본문에는 한 목적만 있는 것이 아닙니다. 설교자는 한 목적을 선택했을지 모르지만 성경을 기록한 성령께서는 다양한 목적을 심어 놓으셨습니다. 그러므로 설교자의 목적 설교보다는 성령의 역사를 기대한다는 목적으로 선택한 본문을 구석구석 말하는 겁니다. 예를 들면, 다윗이 아버지 이새의 심부름으로 골리앗과 대치하고 있는 전쟁터의 형들을 찾아간 이야기를 본문으로 한다고 합시다. 그 본문에는 수많은 장면들이 있습니다. 형들에게 꾸지람 받는 다윗의 모습, 반면에 꾸지람하는 형들의 마음, 대드는 동생, 떠드는 골리앗... 하여간 몇 자 안되는 이야기이지만 묘한 감정들이 포함되어 있는 겁니다. 그 본문을 읽을 때 어떤 이는 다윗을 생각하고 있고 어떤 이는 형들 입장에서 읽는다는 겁니다. 어떤 이는 형제끼리 다투는 건지 의를 나누는 건지를 보고 있는 겁니다. 설교자가 목표한 것과는 다른 마음으로 성경 본문을 읽고 있는 청중들이기에 전체를 설명하고 말해야 하는 거지요. 이 말은 설교자 (사심의) 의도 없이 성경을 말하자는 말입니다.

다섯 번째는 본문은 물론 성경을 기록한 하나님의 마음을 헤아리면서 교훈을 찾는 겁니다. 하나님의 마음을 헤아리면서 성경을 보면 은혜가 됩니다. 감사가 흘러나옵니다. 감동 때문이지요. 그리고 나의 삶이 변한답니다. 의지에 의한 변화도 있겠습니다만 감동에 의해서 저절로 변화되어지는 거지요.

Ⅳ. 나가는 말

설교자에게 가장 중요한 것은 성경입니다. 성경을 잘 말해야 합니다. 성경을 정확하게 말해야 합니다. 그런데 잘 말하고 잘 이해시키려다 너무 대단한 것들을 끌어 오다가 성경보다 다른 것에 더 관심을 갖게 하는 우를 범할 수 있다는 거지요. 또한 설교자에게 다른 이야기를 말해야 하는 것이 당연한 것처럼 인식되다가 설교자들로 하여금 거짓말하게 하는 유혹을 받게 될 수도 있다는 겁니다. 또한 다른 말을 기가 막히게 해야 실력 있는 목사 취급 받게 된다는 이상한 생각(?)을 하게 한다는 거지요. 사실 실력 있는 설교자는 성경을 기억하게 하는 사람인데 말입니다. Biblical Storytelling 설교는 설교자는 물론이요 청중들, 그리고 교회 속에서 성경의 가치를 회복시키려는 몸부림이랍니다.

서문

얼굴값을 한다는 말이 있습니다. 주로 여자들의 미모를 두고 하는 말이지요. 그런데 그 말이 좋은 의미로 하는 말인지 아니면 그 반대인지는 상황에 따라 다르더라구요. 하여간 여자들은 얼굴 생김새에 무척이나 신경을 쓴답니다. 남자는 그렇지 않냐고 묻는다면 할 말이 없지만 그래도 남자는 얼굴 생김새에 대한 관심의 정도는 여자와는 비교가 되지 않나 하는 생각입니다.

에스더는 예뻤던 것 같습니다. 요즘 말로 하면 얼짱이고 몸짱이었던 처녀였겠죠. 겉모습만이 그렇다고 해서 왕비가 되는 것은 아니었을테니 그의 인품 또한 다른 사람에게 칭찬을 들을 만한 것이었으리라는 생각입니다. 한 가지 더 그녀에 대한 생각을 한다면 실력도 있지 않았겠나 하는 거지요. 당시가 페르시아 통치 시대라면 역사는 물론 법률과 일반적인 지식에 있어서도 괜찮은 수준을 갖추고 있었을 것이라는 겁니다.

왕비로 간택이 될 정도의 미모와 좋은 성품, 실력이 있다 하더라도 그녀에게는 남이 헤아리기 어려운 아픔이 있었답니다. 가문입니다. 요즘 같으면 중요하지 않은 일이지만 그 당시의 사람에겐 가문이 무척이나 중요했잖아요. 그런데 그녀의 가문은 포로로 잡혀온 가문이었던 거지요. 게다가 그녀는 고아였던 겁니다. 부모 없이 자란 아이랍니다. 요즘 시대에도 부모 없이 자란 사람에 대한 눈총이 차가운데 그 당시야 얼마나 큰 흠이 되었겠는지 상상하는 것은 어렵지 않답니다. 에스더는 남이 모르는 아픔을 가지고 있었던 여자였던 겁니다.

사람들이 누군가를 볼 때는 자신보다 더 좋은 것을 가지고 있다고, 혹은 여건이 낫다고, 혹은 그만하면 복 받은 거라고 한답니다. 자신이 가진 것은 별 볼일이 없는 것으로 취급하는 경향이 많구요. 이상하지요. 남의 떡이 더 커 보인다는 말이 사실인지...

우리가 에스더를 생각할 때 그녀는 우리와 비교도 될 수 없는 아주 좋은 것을 가지고 있다고 믿고 있잖아요. 그래서 그녀는 왕비가 되기도 하고 나라를 구하는 엄청난 일을 하기도 했다고 말입니다. 그런데 그렇지 않은 겁니다. 그녀는 우리처럼(?) 아니 우리와는 비교도 할 수 없을 만큼의 참혹한 여건 속에 있던 사람이었던 거지요.

그러나 그녀는 참혹한 여건 속에서 자신을 잘 가꾸면서 살았던 겁니다. 얼굴을 가꾼 것도 몸을 가꾼 것도 아닙니다. 삶을 아름답게 가꾼 겁니다. 더러운 곳에서도 더럽힘을 당하지 않은 겁니다. 시끄러운 곳에서도 조용함을 선택하는 아이였던 겁니다. 분주함 속에서도 차분함을 선택하는 아이였던 거지요. 이해 안 되는 상황 속에서도 순종을 선택하면서 자신을 존귀히 만들어 갔던 아이였던 겁니다. 그녀의 자기 가꿈이 훗날 페르시아의 왕비가 되게 하였던 거랍니다.

그녀는 위대한 여인이었습니다. 그런데 그녀의 위대함 속에 감추어진 것이 있답니다. 하나님을 향한 본질적인 마음입니다. 그녀의 마음 깊은 곳에는 하나님의 백성이라는 견고한 기초가 놓여 있었고 그녀의 삶의 뿌리가 박힌 곳은 하나님이었습니다. 그것이 그녀의 출발이었던 겁니다. 그녀의 근본이 하나님이기에 그녀는 자신을 가꾼겁니다. 그녀의 근본인 하나님 때문에 그녀는 스스로가 제한을 받고 통재를 하며 산 겁니다. 뿌리가 하나님에게 박혀 있기에 그녀는 순종할 것을 구분하는 자였고 어디다가 목숨을 내놓아야 하는지를 알고 있었던 겁니다. 그리고 행동했구요.

뿌리가 하나님께 박혀 있는 사람은 자유롭습니다. 주님이 그러셨지요. 진리를 알면 진리가 자유를 준다고 말입니다. 하나님께 뿌리를 두면 그렇게 되는 거랍니다. 사람 눈치 보지 않는 걸 의미한답니다. 율법을 넘어서는 행동을 하면서도 죄책감 내지는 불안해하지도 않습니다. 당당하고 떳떳합니다. 하나님이 무슨 일을 하시는 지에 대한 기대로 산답니다.

에스더가 그랬다는 겁니다. 유다인이기에 분명 자기에게 하닷사라는 유다 이름이 있습니다만 밖에 나가서는 그 이름 대신 에스더라는 이름을 씁니다. 우리 식으로 하면 창씨개명(創氏改名)을 한 거잖아요. 유다인임에도 불구하고 자신의 민족을 침공해서 포로로 만든 나라의 왕비가 되겠다는 게 말이나 되냐는 거지요. 게다가 신앙적으로도 유다인은 절대 다른 신을 섬기는 자들과 혼인이 금지되어 있었는데 스스로 아니 사촌 오빠까지 동원해서 이방인 왕의 아내가 되겠다고 나서지 않는지요. 그것도 본처가 아니라 본처가 쫓겨난 자리를 채우겠다고 하면서 말입니다.

그것도 무척이나 괘씸한 일인데 왕비가 되어서까지도 자신이 유다인임을 밝히지 않은 겁니다. 주변의 동족들로부터 비난이 있었을 것은 물론이지만 스스로도 못할 짓이라고 평가할 만한 상황이었다는 겁니다. 죄책감이 밀려오는 일들이었을 것이 분명합니다. 그런데 그녀는 이 모든 것을 깼답니다. 그러나 그녀는 자유로왔습니다. 그녀는 어려서부터 뿌리를 하나님께 두고 살아왔기 때문이었지요.

사람들은 짜여진 율법에 맞춰 사는 사람을 훌륭한 신앙인이라고 말하곤 합니다. 하나님은 당신께 뿌리를 내린 사람을 생명 있는 자라고 말씀하십니다. 하나님께 뿌리를 내리고 사는 사람은 자유롭게 생각하고 행동합니다만 그 생각과 행동을 하나님의 영이신 성령께 통제를 받고 있는 거지요. 그렇기에 그가 생각하고 행동하는 일의 결과는 누구도 상상할 수 없는 위대한 열매를 맺는 거랍니다.

에스더가 그런 겁니다. 그녀는 분명 모든 율법을 깼습니다. 비난 받을 짓을 한 겁니다. 그러나 그녀의 행동을 지배하는 것은 그녀가 아니었던 겁니다. 그녀가 뿌리를 두고 있는 하나님의 영에 의해서 움직였던 겁니다. 그렇기에 그녀가 만든 일은 사람으로서는 할 수 없는 위대한 일이었던 거지요.

사람에게 칭찬을 받으려면 율법주의자가 되면 됩니다. 하나님께 칭찬을 받고 하나님의 영에 인도를 받으려면 하나님의 아들이신 예수께 뿌리를 내리면 됩니다. 그렇게 살면 오해도 있고 왕따를 당할 수도 있습니다. 핍박도 있을 겁니다. 그런데 확실한 것은 자유를 누린다는 겁니다. 그리고 얼마 후엔 누구도 해 낼 수 없는 위대한 일의 주인공이 된다는 거지요.

에스더서를 읽으면서 자유를 생각해 보았답니다.

캘리포니아 바람 많이 부는 마을에서

조 관 호 목사

>> 에스더 이야기

참 예쁜 사람

아하수에로 왕에게는 여러 왕자들이 있었습니다. 에스더는 왕비로서 왕의 자녀들을 잘 돌보았고 누구를 편애하는 일을 하지 않았습니다. 아하수에로 왕도 에스더의 착한 마음을 좋아했고 왕자들도 왕비 에스더를 존경했답니다. 그 가운데 아닥사스다라고 하는 왕자는 에스더를 친 어머니처럼 사랑하고 존경을 했지요. 바사는 아하수에로 왕의 강력한 통치로 세력이 확대되기도 했습니다만 반면에 왕의 통치에 불만을 품고 있는 사람들도 적지 않았습니다. 그렇기에 왕에 대한 경호는 언제나 삼벌했고 누가 언제 어떤 방법으로 왕을 암살할 지도 모른다는 위기의식을 떨칠 수가 없는 분위기였습니다. 심지어는 왕을 경호한다는 경호 부대 요원들 가운데 그런 일을 할 수도 있다는 불안한 생각으로 경계를 철저하게 하고 있었지요 우려하던 일이 터지고 말았습니다. 20여 년간 철통 정치를 하던 아하수에로 왕이 암살된 겁니다. 나라는 졸지에 위기를 맞이하게 되었고 어수선했습니다. 그러나 다행스럽게도 암살자는 바로

❶ 에 1:1–22

망가진 잔치

다리오 왕이 바사를 다스린 지가 벌써 36년이란 세월이 흘렀습니다. 많은 업적을 남긴 그의 통치 기간이었습니다. 땅도 많이 커져서 바사가 처음 세워질 때의 120도에서 이젠 127도가 되었답니다. 그러나 세월은 다리오를 늙게 만들었고 그도 여느 왕들처럼 역사 속에 묻혀야 했습니다. 그리고 그의 아들인 아하수에로가 왕이 되었답니다. B.C. 486년이었습니다. 예루살렘에서는 무너졌던 성전이 다시 지어진 지가 벌써 30년이 지났을 때였답니다.

30여 년 전에 성전을 짓기 위해 스룹바벨과 함께 예루살렘으로 돌아간 사람들이 있는 반면, 많은 사람들은 여러 가지 이유로 바사 곳곳에서 자신들의 삶을 살고 있었답니다. 나름대로의 경제적인 기반이 있기에 그냥 살고 있는 사람이 있었는가 하면 정치적인 이유, 혹은 이 핑계 저 핑계를 가지고 남아 있었지요. 사실상 바사에서의 삶은 편리했었답니다.

예루살렘 성전이 지어진 지가 십여 년 흘렀을 때 바사의 한 마을에 있는 유다인 집에서 아기가 태어났습니다. 여자 아이였답니다. 부모는 그 여자 아이의 이름을 하닷사라고 했지요. 그런데 불행하게도 하닷사의 부모는 일찍 죽었고, 그녀는 사촌 오빠인 모르드개에게 양육을 받았습니다. 그녀는 아주 예뻤고 예의 바른 것은 물론이요 하나님을 섬기는 도리를 잘 배우며 자랐답니다.

아하수에로가 왕이 된 지 3년이 지났을 땝니다(B.C. 483). 수산 궁에 머물면서 국사를 돌보는 중에 대소신료들의 수고를 위로하기 위하여 큰 잔치를 벌였지요. 바사의 모든 장관과 신복들이 다 모였고 변방의 관리들까지도 초청하여 잔치를 벌인 겁니다. 물론 한꺼번에 장관과 신료들 그리

「아하수에로라는 이름은 히브리식 이름입니다.

바사말로는 「크세륵세스」라고 발음을 하지요. 이 아하수에로가 누군고 하면 고레스의 딸인 아톳사라고 하는 여인의 아들이랍니다. 그러나 바사 제국의 왕통을 잇고 있기에 전(前) 왕인 다리오의 아들이라고 부르는 거지요. 역사적으로 이 아하수에로는 성격이 포악하고 급한 사람으로 알려져 있습니다.

고 지방 관료들을 모을 수가 없어서 몇 차례로 나누어서 잔치를 하며 위로를 하였답니다. 나라가 하도 크기에 계획된 잔치의 일정이 180일이나 되었답니다.

>『이 일은 아하수에로 왕 때에 된 것이니 아하수에로는 인도로 구스까지 일백이십칠 도를 치리하는 왕이라 당시에 아하수에로 왕이 수산 궁에서 즉위하고 위에 있은 지 삼년에 그 모든 방백과 신복을 위하여 잔치를 베푸니 바사와 메대의 장수와 각 도의 귀족과 방백들이 다 왕 앞에 있는지라 왕이 여러 날 곧 일백팔십 일 동안에 그 영화로운 나라의 부함과 위엄의 혁혁함을 나타내니라』(에 1:1-4)

180일, 즉 6개월간의 왕궁 잔치가 마무리 되면서 7일간 절정의 축제를 하기로 했습니다. 잔치는 제국의 가장 고위급 인사들을 초청해서 왕과 더불어 즐거운 시간으로 마무리를 하는 거였답니다. 수산 궁 잔치 장소도 특별하게 꾸며져 있었습니다. 흰색과 녹색, 청색 천을 가지고 자색과 가는 베실로 엮어 놓은 대리석 기둥에 얹어 아름답게 꾸며 놓은 겁니다. 천들을 매 놓은 고리는 은으로 만들어져 있었답니다.

잔치를 하는 정원 바닥은 화반석과 백석, 운모석, 흑석 등 진귀한 돌들로 깔려져 있었고, 그 위에 놓인 의자들은 모두 금이나 은으로 만들어진 우아한 것들이었습니다. 테이블에 놓인 잔들은 금으로 된 것들이었고 잔의 모양도 신분에 따라 달랐답니다. 흥을 위해 준비된 술은 임금의 특별한 명에 의해 준비된 것이었는데 얼마나 많이 준비를 해 놓았는지 아무리 마셔도 끝이 없이 공급되었습니다. 그러면서도 축제는 품위가 있었습니다. 누구도 억지로 마시게는 하지 않았고 편리한대로 즐기도록 했답니다.

아하수에로 왕이 고급 관리들과 축제를 벌이고 있는 동안 왕비 와스디도 여인들을 위해 왕과 버금가는 잔치를 벌이고 있었습니다.

『이 날이 다하매 왕이 또 도성 수산 대소 인민을 위하여 왕궁 후원 뜰에서 칠 일 동안 잔치를 베풀새 백색, 녹색, 청색 휘장을 자색 가는 베줄로 대리석 기둥 은고리에 매고 금과 은으로 만든 걸상을 화반석, 백석, 운모석, 흑석을 깐 땅에 진설하고 금잔으로 마시게 하니 잔의 식양이 각기 다르고 왕의 풍부한 대로 어주가 한이 없으며 마시는 것도 규모가 있어 사람으로 억지로 하지 않게 하니 이는 왕이 모든 궁내 관리에게 명하여 각 사람으로 마음대로 하게 함이더라 왕후 와스디도 아하수에로 왕궁에서 부녀들을 위하여 잔치를 베푸니라』(에 1:5-9)

왕후 와스디는 무척 아름다웠습니다. 술에 취한 아하수에로 왕은 많은 신료들 앞에서 왕후의 아름다운 모습을 보여 주면서 우쭐대고 싶었지요. 그래서 내시들을 불러 왕후로 하여금 잔치 자리에 미모를 나타내라고 명령을 했답니다.

"므후만과 비스다와 하르보나와 빅다와 아박다와 세달과 가르가스 일곱 사람을 불러오너라."

왕의 명령이었습니다.

"예, 폐하, 부름 받은 내시들 폐하 앞에 대령하였나이다."

"그대들은 지금 왕후 전으로 가서 짐이 왕후를 이 잔치로 초대한다고 이르시오. 그러나 그대들이 왕후에게 갈 때 의식 때만 쓰는 왕후 면류관을 가지고 갈 것이며 그 면류관을 쓰고 이 자리에 오도록 하시오. 왕후의 아름다움을 여기 모인 제국의 대소신료들에게 한껏 보이고 싶은 것이 짐의 마음이라 이르시오."

"예, 폐하. 폐하의 명대로 하겠나이다."

내시 일곱 사람은 아하수에로의 명을 받들어 왕후 면류관을 가지고 왕후 전(殿)으로 갔습니다.

"왕후 마마, 폐하의 명을 가지고 왔나이다. 폐하께서는 왕후 마마의 아름다움을 대소신료들에게 보이시고 싶어 하신다고 하시면서 면류관을 쓰고 잔치 자리에 나오실 것을 명하셨나이다. 이제 폐하께서 왕후 마마를 기다리고 계시오니 준비하시어 나서시옵소서. 소인들이 모시겠나이다."

내시들의 말을 들은 사람은 와스디 왕후만이 아니었습니다. 대소신료들의 부인들과 함께 들은 겁니다. 내시의 말을 들은 대소신료의 부인들이

한 마디씩 했답니다.

"왕후 마마, 마마의 아름다움은 온 세상이 알고 있지만 이번에는 대소 신료 앞에서 미모를 보이라고 하신 것은 지나치신 요청이라 생각되옵니다. 아무리 왕후 마마가 아름답다고 하나 아래 것들에게 보이기 위해 부르시는 것은 왕후를 욕보이는 것이 아닌가 하옵니다. 왕후 마마의 모습을 보고 사내들이 얼마나 입방아를 놀리겠는지요. 마마, 신중히 생각하시옵소서."

황제의 요청에 왕후도 마음이 편치 않던 터라 결정을 쉽게 했습니다.

"이보게 내시들, 황제 폐하의 지엄하신 요청이 있기는 하나 내 어찌 아래 것들 앞에 나의 외모를 보이기 위해 나가겠는가? 그것은 황실을 욕보이는 것이니 황제께 아뢰어 나갈 수 없다고 전하게."

"황제 폐하께 아뢰오."

"그래. 왕후에게 다녀왔는고? 잘 준비해서 오겠다고 했겠지."

"폐하, 아뢰옵기 황공하오나 왕후 마마께서 이 자리에 오시는 것을 거부하셨나이다. 왕후 마마의 말씀은 아래 것들에게 외모를 보이기 위해서 나오심은 황실을 욕보이는 것이기에 황명이라 하더라도 따를 수 없다 하셨나이다."

내시들의 보고를 들은 아하수에로 왕은 갑자기 얼굴이 굳어졌습니다.

많은 대소신료들에게 자신의 왕후를 자랑하고 싶었고 또 그 모습을 보이겠다고 약속을 했는데, 왕후가 거절을 한 겁니다. 아하수에로 왕은 창피하기도 하고 분해서 몸을 떨고 있었답니다.

『제칠 일에 왕이 주흥이 일어나서 어전 내시 므후만과 비스다와 하르보나와 빅다와 아박다와 세달과 가르가스 일곱 사람을 명하여 왕후 와스디를 청하여 왕후의 면류관을 정제하고 왕의 앞으로 나아오게 하여 그 아리따움을 뭇 백성과 방백들에게 보이게 하라 하니 이는 왕후의 용모가 보기에 좋음이라 그러나 왕후 와스디가 내시의 전하는 왕명을 좇아오기를 싫어하니 왕이 진노하여 중심이 불 붙는 듯하더라』(에 1:10-12)

아하수에로 왕은 분노를 이기지 못했습니다. 아니 왕후의 황제의 명령에 대한 거부는 대소신료들로 하여금 황제의 권위를 무너뜨린 겁니다. 대소신료들도 어이가 없다는 듯, 어색하게 행동을 하는 걸 왕도 눈치를 챌 수 있었지요. 6개월간의 기뻤던 잔치가 왕후의 왕명 거절로 인해 순식간에 썰렁해진 겁니다. 아하수에로 왕 자신도 어떻게 처신해야 하는지 당황스러웠습니다.

당시 왕에게 큰 신임을 얻어 제국의 정사를 살피는 총리들 일곱 명이 있었습니다. 이름은 가르스나, 세달, 아드마다, 다시스, 메레스, 마르스나, 므무간이었는데 왕이 이 사람들에게 속을 터놓고 물었답니다.

"이보게들, 짐이 심히 고통스럽네. 자네들도 들은 것처럼 왕후가 짐의 요청을 거절했어. 그것도 대바사 제국의 대소신료들 앞에서 짐의 명을 정면으로 거절한 거야! 짐이 창피해서 견딜 수가 없는 것은 물론이고 말단 하직에 있는 놈들까지도 날 조롱하는 것 같아서 견딜 수가 없는 거야. 이럴 땐 어떻게 해야 하는 건지 말해 보게나. 자네들은 법과 역사에 정통한 이 바사 제국의 모사들이 아닌가?"

"전하, 고정하시고 신(臣)의 말을 들으소서."

므무간이 왕과 장관들 앞에서 하는 말이었습니다.

"황제 폐하, 왕후께서 전하에게 잘못한 것은 물론이고 전하의 각 도의 방백과 제국의 백성들 앞에서도 잘못을 한 것이옵니다. 바사 제국의 황제께서 명을 내려 왕후 와스디를 청하였는데 이를 거절한 왕후의 행위에 대한 소문이 제국 온 부녀들에게 전파된다면, 제국의 모든 부녀들은 자신의 남편을 무시할 것이 뻔한 일이옵니다. 오늘이라도 제국의 귀부인들이 왕후가 행한 말을 듣고 자신들의 남편인 장관들에게 불복하면서 대들 것이오니 그렇게 되면 부인을 가진 모든 남정네들이 전하께서 여인들의 버릇을 그렇게 만들었다 하여 전하를 멸시할 것이옵고 전하에 대하여 분노할 것이라 생각되옵니다. 그러니 이 문제를 해결하기 위하여 전하께서 선히 여기신다면 와스디로 하여금 다시는 전하 앞으로 나오지 못하게 하는 조서를 내리시는 것이 합당하다 여기오며, 그 조서로 하여금 바사 제국 법률 중에서는 변개함이 없게 하셔야 할 줄 아옵니다. 또한 왕후의 위를 저보다 나은 사람에게 주소서. 또한 이 모든 사실을 광대한 제국에 반포하여 귀천을 무론하고 모든 여인으로 하여금 남편을 존경하게 하옵소서."

므무간의 말을 듣고 있던 왕과 신하들의 반응은 아주 긍정적이었습니다.

"그래, 므무간의 지혜대로 하거라. 당장 므무간의 말을 각 민족의 언어로 번역하여 공포하고 온 제국의 남편들로 하여금 각자의 집을 주관하게끔 할 것이며 부인들은 남편의 말에 복종할 것이니라."

『왕이 사례를 아는 박사들에게 묻되 (왕이 규례와 법률을 아는 자에게 묻는 전례가 있는데 때에 왕에게 가까이 하여 왕의 기색을 살피며 나라 첫 자리에 앉은 자는 바사와 메대의 일곱 방백 곧 가르스나와 세달과 아드마다와 다시스와 메레스와 마르스나와 므무간이라) 왕후 와스디가 내시의 전하는 아하수에로 왕명을 좇지 아니하니 규례대로 하면 어떻게 처치할꼬 므무간이 왕과 방백 앞에서 대답하여 가로되 왕후 와스디가 왕에게만 잘못할 뿐 아니라 아하수에로 왕의 각 도 방백과 뭇 백성에게도 잘못하였나이다 아하수에로 왕이 명하여 왕후 와스디를 청하여도 오지 아니하였다 하는 왕후의 행위의 소문이 모든 부녀에게 전파되면 저희도 그 남편을 멸시할 것인즉 오늘이라도 바사와 메대의 귀부인들이 왕후의 행위를 듣고 왕의 모든 방백에게 그렇게 말하리니 멸시와 분노가 많이 일어나리이다 왕이 만일 선히 여기실진대 와스디로 다시는 왕 앞에 오지 못하게 하는 조서를 내리되 바사와 메대의 법률 중에 기록하여 변역함이 없게 하고 그 왕후의 위를 저보다 나은 사람에게 주소서 왕의 조서가 이 광대한 전국에 반포되면 귀천을 무론하고 모든 부녀가 그 남편을 존경하리이다 왕과 방백들이 그 말을 선히 여긴지라 왕이 므무간의 말대로 행하여 각 도 각 백성의 문자와 방언대로 모든 도에 조서를 내려 이르기를 남편으로 그 집을 주관하게 하고 자기 민족의 방언대로 말하게 하라 하였더라』(에 1:13-22)

사람은 완벽할 수 없습니다.
그렇지만 어른은 모델이라는 걸 잊으면 안 됩니다.
공동체마다 어른이 있습니다.
작게는 가정 공동체에서부터 크게는 나라 공동체입니다.
그 공동체에 어른이 있다는 말입니다.
어른의 생각과 태도가 공동체의 생각과 행동을 만드는 겁니다.
와스디의 불복종은 개인의 문제가 아니었습니다.
제국의 모든 사람들이 모델로 삼는 어른들이기에
혹독한 판결이 있었던 겁니다.
모든 사람에게 영향을 끼치는 사람들이었기 때문입니다.

우리들은 사람들이 보고 있는 빛이고 소금이지요.
사람들이 보고 있기에, 그리고 우리들로부터 영향을 받고 있기에
작은 일 하나라도 생각하면서 행동해야 하는 거랍니다.
우린 천국에서 파송된 공인(公人)이기에

사생활이 없답니다.

남편에게 불순종하거나 대들다가
신세를 망친 사람들이 많이 있습니다.
그 대표적인 사람이 와스디랍니다.
바사 제국의 왕후 자리에서 쫓겨났으니 완전히 망한 여자이지요.
상징적인 사건이긴 하지만
남편에게 대들거나 불순종하여 신세 망치지 마세요!(?)

우린 하늘의 왕인 예수님의 신부들이랍니다.
세상의 왕에게 불순종하고 대들었다가 신세를 망친 사람이 있다면
왕이시고 우리의 신랑이신 그리스도께
불순종하고 대들면 어찌될까 생각하게 됩니다.
세상 남편은 부족한 것이 있고 또 이기적이기 때문에
불순종할 수도 있고 대들 수도 있겠지요.
(와스디는 비합리적인 일로 폐위되었으니까요.)
그러나 완전하신 우리의 신랑 되시는 그리스도의 명령에
불순종하고 대들면
그 책임은 변명도 피할 길도 없는 거랍니다.

2 에 2:1–18

새 왕비

왕후 와스디가 폐위되었습니다. 왕의 분노가 왕후를 미워하는 간신들에게 기회를 준 것이었고, 결국 왕후를 폐위하는 일로까지 되어 버린 겁니다. 참으로 사랑하던 왕후였는데 순간적인 이기심과 분노로 인해 사랑하는 왕후를 잃어버린 겁니다. 아하수에로 왕은 괴로웠고 쫓겨난 와스디에게 미안했습니다. 정말 미안했습니다. 그러나 이미 물은 엎질러진 것, 다시 복귀시킬 수도 없었지요. 아하수에로 왕에게는 고통의 나날들이었답니다.

『그 후에 아하수에로 왕의 노가 그치매 와스디와 그의 행한 일과 그에 대하여 내린 조서를 생각하거늘』(에 2:1)

화가 났을 때는 아무 결정도 하지 마세요.
사탄이 틈타기 가장 좋은 기회가 분노하고 있을 때거든요.
사탄은 분노하고 있을 때
주어 담을 수 없는 말을 하게 합니다.
돌이킬 수 없는 행동을 하게 한답니다.
사리에 맞지 않는 결정을 하게 한답니다.
분노는 사탄의 놀이터랍니다!

세월이 흘러 와스디가 폐위된 지도 벌써 3년을 들어서고 있었습니다. 아하수에로의 마음을 헤아리고 있는 신하 중 한 사람이 왕에게 신중한 제안을 했습니다.

"전하, 국모(國母)의 자리가 비어있나이다. 제국은 전하의 통치로 태평성대를 누리고 있으나 왕실 내명부(內命婦)의 일은 왕후의 자리가 비어 있기에 여러 가지 문제가 발생하고 있나이다. 지금까지는 잘 지내왔으나 이제 전하의 뜻에 따라 내명부(內命婦)를 다스릴 왕후가 계셔야 하겠사오니 깊이 사료하시길 바라나이다."

아하수에로 왕은 아무 말도 하지 않았습니다. 자신도 세월이 지나면서 와스디가 잊혀졌고 또 신하의 말대로 왕후의 자리를 마냥 비워둘 수만은 없겠다는 생각을 하고 있었지요.

"전하, 전하와 제국을 위하여 아름다운 처녀를 구하게 하시되 전국 각 지방의 관리들을 통하여 아름다운 처녀를 다 수산 성으로 모으시고 후궁으로 삼으시며 그녀들을 궁녀 관리 내시인 헤개에게 맡겨 품행을 살필 뿐만 아니라 아름다움을 가꾸게 한 후 전하의 눈에 드는 처녀로 와스디를 대신하여 왕후를 삼으심이 어떠하신지요?"

신하의 진언이었습니다.

"그리 하도록 하시오."

『그 후에 아하수에로 왕의 노가 그치매 와스디와 그의 행한 일과 그에 대하여 내린 조서를 생각하거늘 왕의 시신이 아뢰되 왕은 왕을 위하여 아리따운 처녀들을 구하게 하시되 전국 각 도에 관리를 명령하여 아리따운 처녀를 다 도성 수산으로 모아 후궁으로 들여 궁녀를 주관하는 내시 헤개의 손에 붙여 그 몸을 정결케 하는 물품을 주게 하시고 왕의 눈에 아름다운 처녀로 와스디를 대신하여 왕후를 삼으소서 왕이 그 말을 선히 여겨 그대로 행하니라』(에 2:1-4)

전국에 왕의 이름으로 조서가 내려졌습니다. 왕후를 간택한다는 조서였습니다. 각 지방의 관리들도 자기 지방에서 왕후가 간택되는 영광을 누리기 위해 내노라 하는 미색(美色)을 갖춘 처녀 아이를 찾았답니다. 뿐만 아니라 각 민족에서도 왕후를 내기 위하여 아름다운 처녀 아이를 찾았지요. 여자 아이를 가진 집안마다 자신의 딸이 예쁘다고 하면서 왕후 감으로 기대를 하였답니다. 온 땅이 왕후 간택 문제로 수군거리고 있었습니다.

왕이 집무하고 있는 수산 성도 예외는 아니었습니다. 민족마다 자신의 족속 가운데 왕후를 내고 싶어서 안달하는 모습이 역력했습니다. 그 성에는 유다인들도 많이 살고 있었답니다.

수산 성에 모르드개라고 하는 유다인이 있었습니다. B.C. 597년, 그러니까 약 120년 전 유다가 느부갓네살 왕에게 멸망을 당하면서 여호야긴 왕과 지식인과 귀족들을 바벨론으로 끌고 왔는데 그 때 끌려온 집안의 후손이었습니다. 120여 년 전에 끌려온 모르드개 1세는 세상을 떠났지만 모르드개 2세는 아버지의 신앙을 본받아 믿음으로 살고 있었습니다. 귀족 혈통의 품위 또한 잃지 않고 있었지요.

모르드개는 사촌 여동생인 하닷사를 양육하고 있었습니다. 하닷사의 부모(아버지: 아비하일)가 일찍 죽었기에 사촌 오빠인 모르드개가 길러온 겁니다. 물론 나이 차이가 많았답니다. 집에서는 하닷사라고 불렀습니다. 유다인이란 민족 정체성을 잃어버리지 않도록 하기 위해 자기들끼리 있을 때는 꼭 하닷사라는 유다식 이름을 부른 거였지요. 물론 밖에 나가 활동할 때는 바사(페르시아)식의 이름인 에스더라고 불렀답니다. 모르드개에게 하닷사, 에스더는 기쁨이었고 전부였습니다. 물론 하닷사(에스더)에게도 모르드개는 생명과 같은 분이었답니다.

『도성 수산에 한 유다인이 있으니 이름은 모르드개라 저는 베냐민 자손이니

기스의 증손이요 시므이의 손자요 야일의 아들이라 전에 바벨론 왕 느부갓네살이 예루살렘에서 유다 왕 여고냐와 백성을 사로잡아 갈 때에 모르드개도 함께 사로잡혔더라 저의 삼촌의 딸 하닷사 곧 에스더는 부모가 없고 용모가 곱고 아리따운 처녀라 그 부모가 죽은 후에 모르드개가 자기 딸 같이 양육하더라』(에 2:5-7)

민족 정체성을 잃어버리지 않는 것이 중요합니다.
외국 것이 좋은 것이 아닙니다.
하나님께서 주신 것이 좋은 겁니다.
하나님은 우리에게 한국 사람이라는 정체성을 주셨습니다.
검은 머리, 작은 눈, 똑똑한 머리, 검은 눈동자, 한국말...
잃어버리면 안 되는 겁니다.
바꾸려고 해도 안 되는 겁니다.
다른 사람들의 것을 부러워하는 것도 바람직하지 않습니다.
우리에게 주신 것을 감사해야 하는 것이고

모르드개는 바벨론 2차 침입 때 잡혀온 사람이랍니다.

느부갓네살이 기술자와 귀족과 같은 사람만 바벨론으로 끌고 왔으니 모르드개도 귀족이었을 겁니다. 하여간 그 사건은 B.C. 597년에 일어난 일입니다. 반면에 지금 에스더 이야기는 B.C. 480년의 이야기이구요. 그렇다면 적어도 120년 이상의 차이가 나기에 모르드개가 의심스러운 겁니다. 학자들은 에스더서에 나오는 모르드개는 모르드개 2세일 거라고 생각한답니다. 유다에서 끌려온 모르드개 1세는 죽었을 것이구요. 또한 모르드개 2세의 나이도 30-40세 정도는 되지 않았을까 하는 생각입니다.

그걸 지켜야 하는 겁니다.

이민자들...

진정 부끄러운 건

우리 것을 모르고 있다는 거지요.

우리 것을 잊고 있다는 거지요.

우리식의 이름을 하찮은 것으로 알고

다른 나라 식의 이름을 자랑하고 있다는 거지요.

"에스더를 왕후로 만들어야지! 에스더만큼 예쁘고 착한 여자 아이가 어디 있어. 에스더를 왕궁으로 보내자구. 누가 알아? 에스더가 진짜 왕후로 뽑힐지. 왕후는 안 되더라도 적어도 후궁은 되는 거 아니야. 그러니 에스더를 왕후 후보로 보내!"

수산 성 모르드개 집의 주변 사람들이 떠드는 소리였습니다.

정말 그랬습니다. 에스더는 예뻤고 착했으며 심성이 곧은 처녀였답니다. 에스더도 자신을 왕후 후보로 내보내겠다는 사람들의 말이 싫지는 않았습니다. 그러나 감히 아버지 같은 사촌 오빠인 모르드개에게는 말을 할 수 없었답니다. 아무리 왕후의 자리라고 하지만 자신은 유다인이었고 아하수에로 왕은 이방인이었기 때문이었지요. 괜시리 말을 꺼냈다가 오빠에게 혼쭐날 것이 뻔했던 겁니다.

수산 성은 예쁘고 아름다운 처녀들로 붐비고 있었습니다. 전국에서 미인(美人)이라는 소리를 듣는 처녀 아이들이 모여들었습니다. 덕분에 장사도 활기를 띠고 있었지요. 여자 아이들이 미모(美貌)를 뽐내기 위해 화장품을 비롯하여 옷과 장식품들을 사고 있었기 때문입니다. 게다가 몰려든 처녀들과 그 부모들로 인해 숙박업계도 때 아닌 호황을 누리고 있었지요.

"하닷사!"

일을 마치고 돌아온 모르드개가 하닷사를 불렀습니다.

"예, 오빠."

모르드개는 예쁜 하닷사를 보면서 미소를 지으며 물었답니다.

"하닷사야, 우리 예쁜 하닷사가 왕후가 될 수 있을까? 너 한번 왕후 간택 선발하는 데 나가보고 싶지 않아? 내 생각으로는 이 세상에서 하닷사만큼 예쁘고 착한 처녀는 없을 것 같은데 말이야. 아마 아하수에로 왕도 하닷사를 보면 홀딱 반해서 왕후로 삼고 싶어할 걸!"

뜻밖의 소리였습니다. 그렇지 않아도 친구들이 자기에게 왕후 간택 선발에 나가라고 하는 소리를 여러 번 듣기도 하고 또 동네 사람들에게서도 들었지만 오빠가 무서워서 말도 꺼내지를 못하고 있었는데, 오빠가 먼저 말을 꺼낸 겁니다.

"오 오빠?..."

하닷사는 눈이 동그래지면서 말을 더듬었답니다. 모르드개 입에서 그런 말이 나올 줄은 상상도 하지 못했던 거지요.

"왜? 유대 처녀가 이방 왕에게 시집간다는 게 꺼림직해서 그래?"

모르드개는 하닷사가 고민하는 문제를 알아서 말했답니다.

"하닷사, 오빠 생각은 이렇단다. 물론 율법에 따르면 이방 사람에게 시집가는 것이 금지되어 있지. 그런데 이 일에 대해서는 난 다르게 생각한단다. 하나님께서 이 일을 통해 우리 민족에게 큰일을 행하실 수도 있다는 생각을 하는 거야. 우리가 하나님의 일을 어떻게 알겠니? 왠지 내 마음속에 네가 꼭 왕후가 될 것 같은 기분이야. 그리고 우리 유대인을 위해서 아니 하나님을 섬기는 모든 사람을 위해서 큰일을 하게 되지 않을까 하는 생각이란다. 그래서 율법에서는 이방인과의 결혼을 금하지만 한번 도전해 보고 싶은 거지. 만일 내 생각이 하나님의 뜻으로 된 거라면 너는 반드시 왕후가 될 것이고, 내 생각이 잘못된 거라면 예선에서 떨어질 것이 아니겠어? 그래서 하는 말이란다."

모르드개의 말은 진지했습니다. 하닷사도 단순히 왕후가 되고 싶다는 꿈에서 하나님과 민족을 위해서 왕후가 된다면 꺼릴 것이 없다는 생각을 하였답니다.

"오빠, 나 해 볼께요! 분명 하나님의 뜻이 있다면 왕후가 되겠죠? 나를 위해 기도해 주세요!"

"그런데 하닷사, 네가 왕비 후보로 이름을 제출할 땐 반드시 바사식의 이름인 에스더라고 말하고 누가 어느 민족의 처녀라고 묻는다면 유대인이라는 말은 절대로 하지 말거라. 아마 제국의 분위기가 민족과 종족에 대한 차별을 금하고 있기에 묻지는 않을 것이다만 혹시 궁에 들어가 있을 때도 유대인이란 말은 하지 말거라. 알겠지?"

"예, 그렇게 하겠습니다."

"내가 널 위해 늘 기도할 것이고 후궁들이 있는 곳에서 사람들에게 너에 대하여 안부를 물으면서 네 소식을 듣고 있을테니 내 걱정은 하지 말고. 네가 머무는 곳에서 근무 할 수 있도록 수문장에게 부탁해 볼께."

모르드개는 수산 성문을 지키는 근위대 소속이었기 때문에 하는 말이었답니다.

수산 성에는 수많은 미인(美人)들이 다 모였습니다. 왕후 간택의 후보자가 되기 위해서였습니다. 그러나 눈에 보기에도 아니다 싶은 여자 아이는 일찍 집으로 보내졌답니다. 그렇지만 에스더라고 이름을 제출한 하닷사는 보는 이들마다 기뻐했고 칭찬했으며 사랑스러워 했답니다. 마지막 선별에서도 선택되어 궁으로 들어와 교육을 받고 치장을 하여 왕 앞에 설 처녀들 가운데 뽑혔답니다.

궁녀를 관리하고 왕비 간택하는 일의 수장을 맡은 헤개가 에스더를 보았습니다. 정말 아름다운 겁니다. 아니 수수했습니다. 화장을 요란하게 한 것도 아닌데 예뻤고 움직임 하나하나가 품위 있어 보였습니다. 말도 품

궁금함이 있습니다.

율법을 지키기 위한 몸부림이 전혀 보이지를 않는 겁니다. 오히려 하나님의 백성이라는 것이 알려질까 봐 불안해하는 겁니다. 다니엘과 그의 친구들은 율법이 금한 것을 안 먹겠다고 했고, 사자굴에 들어갈 줄 알면서도 하나님께 기도했는데, 에스더나 모르드개는 전혀 그런 것이 아니기 때문입니다.

게다가 본문 어디서도 모드르개가 에스더를 왕비 간택 자리에 내보낼 때나 그 자리에 나간 에스더 스스로도 신앙적인 명분을 말하지 않는다는 겁니다. 어쩌면 뜻있는 유대인들은 모르드개와 에스더를 비난했을 수도 있었을 것이구요. 사실 우리도 에스더와 모르드개에 대한 선입관이 좋아서 그렇지 냉정하게 본다면 이들의 현실은 본받을 것이 없을 뿐만 아니비난을 받아야 하는 모습이랍니다.

고민하는 필자의 마음입니다. 누구도 아무 것도 비난할 수 없다는 교훈을 받고 싶습니다. 현실에서 표면적으로 나타나는 모르드개와 에스더는 율법과 민족의 배신자입니다. 그러나 표면적으로는 그렇지만 내면적으로는 견실한 믿음의 사람이라는 거지요. 중요한 건 마음인데 모르드개와 에스더의 마음은 하나님께가 있는 마음이었던 겁니다. 겉모습은 전혀 신앙적인 것 같지 않은데 속은 하나님이 인정하는 귀한 사람이라는 겁니다.

우리의 현실도 그렇습니다. 전혀 신앙적이지 않은 사람이 있습니다. 오히려 믿는 사람을 낙심케 하고 바람직하지 않은 모델로 비춰지는 사람이 있습니다. 그런데 실상은 그가 하나님의 사람으로 준비된 사람일 수도 있다는 겁니다. 모르드개와 에스더처럼. 그러므로 우린 누구도 어떤 상황도 비판할 수 없는 거지요. 그래서 주님도 결코 비판하지 말라고 하신 것이 아닐까요?

위 있게 했구요. 헤개의 마음에 쏙 들었답니다.

왕비가 되기 위한 교육과 몸단장은 엄격했습니다. 무엇보다 후보자로 선발된 처녀 한 사람마다 7명의 시중 궁녀가 달라붙었고 처녀들에게 필요한 모든 것은 최고의 것으로 공급되었답니다. 궁 밖에서는 감히 볼 수도 없는 진귀한 물품들이었습니다. 시중드는 궁녀들은 이 가운데서 누가 왕비가 될지 모르기에 모두를 왕비처럼 친절히 대했답니다. 저들이 거처하는 곳도 아름다운 곳이었지요.

『왕의 조명이 반포되매 처녀들이 도성 수산에 많이 모여 헤개의 수하에 나아갈 때에 에스더도 왕궁으로 이끌려 가서 궁녀를 주관하는 헤개의 수하에 속하니 헤개가 이 처녀를 기뻐하여 은혜를 베풀어 몸을 정결케 할 물품과 일용품을 곧 주며 또 왕궁에서 의례히 주는 일곱 궁녀를 주고 에스더와 그 궁녀들을 후궁 아름다운 처소로 옮기더라 에스더가 자기의 민족과 종족을 고하지 아니하니 이는 모르드개가 명하여 고하지 말라 하였음이라 모르드개가 날마다 후궁 뜰 앞으로 왕래하며 에스더의 안부와 어떻게 될 것을 알고자 하더라』(에 2:8-11)

그리스가 바사를 심심치 않게 괴롭히고 있었습니다. 아하수에로 왕도 그리스의 노략 때문에 마음이 편치가 않았습니다. 왕비를 간택하는 일이 중요한 일로 진척이 되고 있습니다만 전쟁의 소식 때문에 결정하는 일을 미루곤 했답니다.

왕비 후보로 왕궁에 들어선 처녀들은 12개월간 특별한 교육과 몸단장의 시중을 받았습니다. 바사의 왕비 간택 규례였지요. 6개월 동안은 몰약이라는 인도와 아프리카에서 나는 기름으로 치장을 했고, 나머지 6개월 동안은 또 다른 진귀한 향품들로 몸치장을 했답니다.

처녀들이 한 사람씩 아하수에로 왕 앞으로 나가는 때가 되었습니다. 지금까지 교양 교육은 물론이고 몸도 아름답게 꾸며 왔습니다. 어디에 내놓는다 하더라도 손색이 없을 만큼 아름다운 처녀들이었지요. 그렇지만 어린 처녀 아이들이었기에 긴장되어 있었답니다.

하루 저녁에 한 처녀씩 왕에게로 인도되었습니다. 그렇지 않아도 아름다운데 처녀마다 왕의 마음에 들기 위해 더 필요한 것들을 요구했답니다. 왕의 밤을 편하게 하면서 왕의 마음을 사야 했기 때문이었지요. 간택이 되지 못하면 후궁으로 살기는 하겠지만 일생이 불행해진다는 걸 알고 있었답니다. 하룻밤을 왕과 지낸 후 처녀들은 아침에 자신의 처소로 돌아왔답니다. 후궁 전으로 돌아온 것이지요. 후궁을 관리하는 내시 사아스가스라는 사람의 통제를 받아야 했답니다. 왕에게 몸을 드린 여인들은 다시 왕이 부르기만을 기다렸고 왕이 부르지 않는다면 평생을 생과부로 지내야 했습니다.

『처녀마다 차례대로 아하수에로 왕에게 나아가기 전에 여자에 대하여 정한 규례대로 열두 달 동안을 행하되 여섯 달은 몰약 기름을 쓰고 여섯 달은 향품과 여자에게 쓰는 다른 물품을 써서 몸을 정결케 하는 기한을 마치며 처녀가 왕에게 나아갈 때에는 그 구하는 것을 다 주어 후궁에서 왕궁으로 가지고 가게 하고 저녁이면 갔다가 아침에는 둘째 후궁으로 돌아와서 비빈을 주관하는 내시 사아스가스의 수하에 속하고 왕이 저를 기뻐하여 그 이름을 부르지 아니하면 다시 왕에게 나아가지 못하더라』(에 2:12-14)

에스더가 왕 앞으로 나갈 날이 되었습니다. 에스더를 예뻐했던 헤개가 아침부터 에스더에게 화장을 해 주고 침착하라는 말도 해 주었습니다. 모두에게 그랬던 것처럼 에스더에게 가장 잘 어울리는 옷도 입혔습니다. 장식품도 어울리는 것으로 달아주었지요. 정말 아름다웠습니다. 다른 처녀들은 또 다른 장신구를 요구하곤 했지만 에스더는 헤개가 해 주는 대로 할 뿐 어떤 것도 요구하지 않았답니다. 그런데도 보는 사람마다 그녀의 아름다움에 놀라고 있었지요. 속으로들 그랬습니다. '나라도 에스더를 선택하겠다!'

아하수에로 왕이 에스더를 맞이했습니다. 지금까지 여러 처녀들을 보았는데 에스더는 느낌부터가 달랐습니다. 첫눈에 끌렸다고나 할까요? 에스더가 왕의 마음을 사로잡은 겁니다.

아하수에로 왕은 망설이지 않았습니다. 다른 처녀를 볼 필요도 없었습니다. 즉시 신하들을 불러 에스더를 왕비로 삼을 것을 명령했고 왕후 책봉식을 거행하도록 했답니다. 왕후 책봉식은 성대하게 이루어졌습니다. 바사 제국의 기쁨이었답니다. 세금까지 면제해 주면서 제국의 왕비가 탄생했음을 축하했고, 에스더를 왕비로 만든 여러 공신들에게 큰상까지 내렸답니다. 지난 4년간 공석이었던 왕비의 자리에 새 주인으로서 에스더가 들어선 겁니다. 아하수에로 왕 7년 10월쯤이었고 B.C. 479년이었답니다.

『모르드개의 삼촌 아비하일의 딸 곧 모르드개가 자기의 딸 같이 양육하는 에스더가 차례대로 왕에게 나아갈 때에 궁녀를 주관하는 내시 헤개의 정한 것 외에는 다른 것을 구하지 아니하였으나 모든 보는 자에게 굄을 얻더라 아하수에로 왕의 칠년 시월 곧 데벳월에 에스더가 이끌려 왕궁에 들어가서 왕의 앞에 나아가니 왕이 모든 여자보다 에스더를 더욱 사랑하므로 저가 모든 처녀보다 왕의 앞에 더욱 은총을 얻은지라 왕이 그 머리에 면류관을 씌우고 와스디를 대신하여 왕후를 삼은 후에 왕이 크게 잔치를 베푸니 이는 에스더를 위한 잔치라 모든 방백과 신복을 향응하고 또 각 도의 세금을 면제하고 왕의 풍부함을 따라 크게 상주니라』(에 2:15-18)

❸ 에 2:19-23

황제 암살 미수 사건

아하수에로 왕은 후궁들을 많이 두었습니다. 지금까지도 많은 여인을 거느렸지만 또 다른 여인들을 후궁으로 맞이했답니다. 에스더는 왕비로서 내명부(內命婦)의 책임자였답니다. 그러나 자신의 출신에 대해서는 어느 누구에게도 말하지 않았지요. 그러면서도 오빠인 모르드개와는 변함없는 관계를 유지했답니다. 종종 만나서 친밀한 대화를 나누었답니다.

에스더가 왕비가 된 후 모르드개 역시 직급이 올라 궁궐의 문을 지키는 수장이 되었습니다. 자신의 사촌 동생이 제국의 왕비라는 사실 때문에 아하수에로 왕에 대한 충성이 남달랐지요. 밤낮을 가리지 않고 궁궐의 안

위를 위해 열심히 일했답니다.

이날도 모두가 일을 마치고 집으로 돌아가 왕궁 안은 조용할 때였습니다. 모르드개는 자기 사무실에 앉아 정리를 하고 있었는데 뜻밖의 음모가 진행되는 걸 엿들은 겁니다. 다른 사람도 아닌 궁 문지기이자 왕의 내시인 빅단과 데레스가 자신들이 왕으로부터 홀대를 받는다는 이유로 왕을 암살하려는 것이었죠. 오랫동안 왕에게 충성을 다했는데 왕으로부터 적절한 대우를 받지 못한다는 불평이 급기야는 왕 암살 계획으로까지 된 겁니다.

암살 계획을 안 모르드개는 왕비인 에스더를 급히 만났습니다. 에스더는 시녀들에게 아무리 늦은 때고 중요한 자리라고 해도 모르드개의 방문이나 부름이 있을 경우는 반드시 만나게 하라고 일러두었기에 그 날도 쉽게 만날 수 있었습니다.

"왕비 마마, 급한 일이 발생하였나이다."

"무슨 일입니까? 오라버니."

"폐하를 암살하려는 음모가 꾸며지고 있습니다. 빅단과 데레스 두 사람이 벌이는 일이온데 속히 폐하께 실정을 고하여 피하시게 하셔야 하옵니다."

모르드개의 말을 들은 에스더는 급히 왕에게로 향했습니다. 왕이 부르지 않으면 왕에게 갈 수 없는 바사 제국의 법도가 있었지만 사안이 급한 것이라 법도를 따질 것이 아니었지요.

그날 암살을 계획한 사람은 현장에서 붙잡혀 왕의 명으로 나무에 달려 사형을 당하였고, 제국은 위기에서 벗어났으며 사건은 궁중 일기에 소상히 적혔답니다.

『처녀들을 다시 모을 때에는 모르드개가 대궐 문에 앉았더라 에스더가 모르드개의 명한대로 그 종족과 민족을 고하지 아니 하니 저가 모르드개의 명을 양육 받을 때와 같이 좇음이더라 모르드개가 대궐 문에 앉았을 때에 문 지킨 왕의 내시 빅단과 데레스 두 사람이 아하수에로 왕을 원한 하여 모살하려 하거늘 모르드개가 알고 왕후 에스더에게 고하니 에스더가 모르드개의 이름으로 왕에게 고한지라 사실하여 실정을 얻었으므로 두 사람을 나무에 달고 그 일을 왕의 앞에서 궁중 일기에 기록하니라』(에 2:19-23)

에스더는 변함이 없었습니다.
수산 성에서 민족을 잃고 감시 속에서 살 때나
수산 궁에서 대 바사 제국의 왕비로 살 때나 변함이 없었던 겁니다.
부모를 잃고 사촌 오빠를 아버지처럼 생각하면서 살 때나
제국의 왕비가 되어 사촌 오빠를 신하로 둘 때나 변함이 없었지요.
다른 사람 아래서 핀잔을 받으며 지낼 때나
최고의 권력에서 다른 사람의 시중을 받을 때나 변함이 없었습니다.

여전히 모르드개가 하라는 대로 했답니다.

변함없는 것이 쉬운 게 아니랍니다.

소유가 사람을 변하게 합니다.

직위가 사람을 변하게 합니다.

학위가 사람을 변하게 한답니다.

변하지 마세요.

높은 위치에 오를수록 의식적으로라도 겸손해야 합니다.

낮아져야 하는 겁니다.

그런 사람을 하나님도 사람도 좋아 한답니다.

그런 사람이 쓰임을 받는답니다.

그런데 대부분의 사람은 변하더라구요!

4 에 3:1–6

원수를 기억하는 사람

에스더의 궁궐 생활은 어려움 중에서도 순탄했습니다. 왕비가 되어 궁궐에서 살고 있었지만 사촌 오빠인 모르드개가 옆에 있었기에 든든했습니다. 여전히 오빠를 의지하면서 살았던 것이지요. 그럴 수밖에 없는 것이 궁 밖에 있을 때는 전혀 상상할 수도 없는 일들이 왕궁에서 벌어지는 것을 보고 있기가 어려웠고, 왕비인 자신에게 찾아오는 사람들을 감당하는 것이 어려웠던 것이지요. 어떤 사람은 상상할 수 없는 양의 뇌물을 가지고 찾아오기도 했던 겁니다.

제국의 대소신료들의 인사이동이 종종 있었습니다. 어떤 이는 고위직으로 승진을 하기도 하고 어떤 이는 좋은 자리에 있다가 한 순간에 좌천되

기도 하는 거였습니다. 에스더는 그런 인사이동의 속사정을 알지 못했답니다.

이번에도 인사 발령이 있다고 합니다. 어떤 원칙에서 되어진 것인지는 모르지만 별로 평판이 좋지 않은 사람이 총리라는 자리에 앉게 되었다는 소문이었습니다. 성질도 거칠고 교만하며 아부하는 성격의 소유자라고들 말하였답니다.

신임 총리의 이름은 하만이었습니다. 출신은 아말렉이고 그의 조상은 아말렉의 왕족이었으며 아말렉의 왕이었던 아각의 후손이었습니다.

베냐민 지파의 후손이었던 에스더에겐 하만이 아각 사람, 아말렉의 후손이라는 것이 걸렸습니다. 약 600년 전 자신이 속한 지파의 조상이었던 사울 왕이 아말렉 사람에게 죽임을 당했다는 소리를 들은 적이 있는데 그 후손이 총리로 발탁되었다고 하니 괜스레 신경이 쓰였던 겁니다. 물론 수백 년이 흘렀기에 그게 무슨 상관이냐고 할 수도 있겠지만 그래도 베냐민 지파인 에스더에겐 신경이 가는 부분이었지요. 수산 궁궐 수문장인 사촌 오빠와도 아말렉 사람 하만이 총리로 등용된 것에 대하여 이야기를 했었답니다. 모르드개는 에스더에게 하만을 조심하라고 일러 주었습니다.

『그후에 아하수에로 왕이 아각 사람 함므다다의 아들 하만의 지위를 높이 올려 모든 함께 있는 대신 위에 두니』(에 3:1)

에스더와 모르드개는 이스라엘의 초대 왕인 사울이 속한 베냐민 지파 사람이었습니다. 다른 지파 사람들도 그랬겠지만 베냐민 지파 사람들은 자신의 조상이었던 사울의 죽음에 대하여 (상황이야 어떻든지 간에) 상당한 한을 품고 있었답니다. 물론 역사가 600년 가까이 지났기 때문에 대부분은 잊고 있었습니다만 그래도 지식인 계층에서는 사울 왕의 죽음 사건(B.C. 1011년/ 삼하 1장)을 기억하고 있었던 겁니다. 사울 왕이 전쟁에서 죽었지만 그를 죽인 것은 아말렉 사람이었다는 걸 기억하고 있었던 거지요. 그래서 베냐민 사람들은 아말렉 사람을 무척 싫어했습니다. 물론 모든 이스라엘 사람들도 아말렉 사람에 대해서는 신경이 날카롭기는 마찬가지였습니다. 아말렉 사람은 이스라엘 조상이 애굽에서 해방되어 나와 가나안을 향해 가기 위하여 광야를 지날 때 뒤에서 공격해 온 악한 족속이었기 때문이었지요. 게다가 모세를 통해 아말렉 사람을 조심하라는 명령을 받았고, 하나님께서도 아말렉 사람을 천하에서 도말하라고 명령을 했다는 선지자들의 가르침이 있었기 때문이었습니다.

하만은 성질이 더러웠습니다. 이전부터 악명이 나 있었던 사람이었지요. 이번에 총리로 등용이 된 것도 실력이 있어서가 아니라 아하수에로 왕에게 아부를 잘한 것은 물론이고 엄청난 뇌물로 왕의 마음을 사 총리 자리를 얻은 거라는 소문이 파다했답니다. 아니나 다를까 총리 자리에 앉자마자 말도 되지 않는 명령을 내렸습니다. 자신을 보는 사람마다 엎드려 절을 하도록 한 것입니다. 그것도 왕에게 어떻게 아부를 했는지는 몰라도 왕의 이름으로 자기에게 절을 하도록 한 것입니다. 그런 명령을 내리지 않더라도 백성들은 총리가 지나가면 머리를 숙이곤 했는데 이번에는 아주 법으로 명령을 내린 것이지요. 백성들은 하만의 하는 짓이 꼴 사나왔습니다만 권력 앞에서는 어쩔 수가 없었답니다.

그러나 모르드개는 달랐습니다. 궁궐 문을 지키는 수문장에 불과했지만 그는 지나가는 하만 총리를 향해 절을 하기는커녕 무릎조차 꿇지를 않았지요. 모든 사람이 고개 숙이고 있는데도 뻣뻣하게 서 있는 모르드개의 모습은 다른 사람들로 하여금 긴장하게 했답니다. 하만의 기분을 몹시도 상하게 만들었지요. 모르드개와 함께 한 사람들은 그를 설득했습니다.

"이보게 모르드개, 쓸데없는 고집 피우지 말고 총리 지나갈 때 엎드려 절하게나. 우린 절하고 싶어서 하는 줄 아는가? 더러워서 하는 거지! 괜히 총리 마음 건드려서 험한 꼴 당하지 말고 못 이기는 척 하고 절해! 자네도 알다시피 총리 성격 개 같다는 거 아닌감!"

"내가 하만에게 절을 해? 웃기는 소리 하지들 말게나. 돈과 아부로 총리가 된 놈에게 무슨 이유로 절을 하란 말이야? 저 놈이 어떤 놈인지 몰라서들 그러는가? 난 절대로 개 같은 놈에겐 절을 할 수 없다이."

"이보게나, 하만 총리에게 절하라는 건 왕명이야, 왕명! 우리도 왕명 때문에 절을 하는 거야! 왕명을 거역하면 어찌 되는지 몰라서 그래? 하만이 가만있겠어? 그러니 우리들 말 듣고 순복하게나."

"내가 하만에게 절할 수 없는 이유를 말하지. 저 놈이 악한 놈이기도 하지만 아말렉 놈이기 때문이라이. 난 유다인이고! 유다 사람은 결코 아말렉 놈들에겐 절하지 않아. 우리 조상을 말살시키려고 공격해온 족속들이거든. 우리의 초대 왕이었던 사울 왕을 죽인 놈도 아말렉 놈이었고, 선지자들도 우리들에게 말하기를 아말렉 놈들은 영원한 적이라고 가르쳐 왔다이. 그러니 나는 물론 내 민족은 결코 아말렉 놈인 하만에게 절을 못해! 총리가 아니라 왕이라고 해도 아말렉 놈이라면 절대로 절을 못하지, 암!"

모르드개의 결심은 대단하였습니다. 동료들이 아무리 권면을 해도 모르드개 역시 고집이 보통이 아니었던 겁니다. 며칠을 날마다 권유하고 설득하였습니다만 말을 듣기는커녕 오히려 동료들을 무안하게 하곤 했답니다.

"그 사람 참, 우리가 누구 좋으라고 이렇게 설득을 하는지도 모르고 그리 행동하는가? 자네를 아끼는 마음에서 하는 소리 아닌가? 그런데 이리도 무시할 수 있는 거야? 지금은 유다인이냐 아니냐를 따질 때가 아니잖는가? 제국은 모든 민족을 하나로 묶은 연합 국가잖아. 민족을 따진다는 것 자체가 현실에 맞지 않는 것일세. 답답한 양반 같으니라구! 그래 총리에게 절하지 않고 얼마나 버티는가 봄세. 자네 유다인들이 섬긴다는 하나님이란 신이 왕명보다 더 무서운지를 봐야겠구먼. 잘못하다간 유다 민족 전체에게 화가 임할 수도 있어. 자네 하나 때문에 말이야!"

아니나 다를까, 어떤 사람이 하만 총리에게 가서 모르드개의 일을 낱낱이 고했답니다. 물론 상급을 기대하면서 그런 거였지요.

"총리 어르신, 드릴 말씀이 있나이다. 궁궐 수문장 모르드개에 관해서입니다."

"모르드개? 혹 내가 지날 때 고개를 뻣뻣하게 들고 있는 그 놈을 말하는 것이 아니냐?"

"예, 어르신. 그 사람에 대해서입니다."

"그렇지 않아도 내 그 놈에 대해서 알아보려고 했느니라. 내가 제국의 총리가 된 지도 꽤 되었을 뿐만 아니라 왕명에 따라 나에게 절을 하도록 되어 있는데도 그 놈은 절을 하기는커녕 오히려 목을 뻣뻣하게 세우고 있는 것이 한두 번이 아니니, 아니 지금까지 한 번도 절하는 꼴을 못 보았으니 어찌된 일인고! 그래 그 놈에 대해서 말을 해 보거라."

"총리 어르신, 모르드개는 어르신께서 총리되심에 아주 많은 불만을 가지고 있사옵니다. 그 이유는 다른 것이 아니라 민족적인 감정 때문이옵니다. 자신은 유다인인데 총리께서 아말렉 족속이기 때문이라고 하옵니다.

아말렉 족속과 자신이 속한 유다 족속과는 원수지간이라는 군요. 그래서 자신은 물론 어느 유다인도 아말렉 족속인 총리께는 엎드려 절을 하지 않는다고 합니다요."

"그래? 나에게 절하지 않는 게 민족 감정이라? 그 놈이 제 정신이 아니구먼. 지금이 어느 때인데 민족을 찾고 있는 것이야? 제국은 하나라는 걸 모르는가? 내 민족 네 민족을 찾으면 이 큰 제국이 어떻게 움직이겠는고? 문젠 그 놈뿐만이 아니라 그런 사고방식을 가지고 있는 유다인들이 문제야! 언젠가는 폭동을 일으켜 나라를 어지럽힐 놈들이야! 그런 놈들은 더 큰 일을 만들기 전에 싹수를 잘라버려야 한다구. 게다가 모르드개라는 놈이 궁궐 수문장을 맡고 있으니 자기 민족을 부추겨 봉기하게 하고 자기가 궁궐 문을 열어 준다면 그야말로 제국의 위기가 될 것이 아닌가? 허허 참!"

하만의 마음은 부글부글 끓고 있었습니다. 제국을 위해서는 모르드개는 물론 유다인 전체를 죽여야겠다는 생각을 했답니다.

『대궐 문에 있는 왕의 모든 신복이 다 왕의 명대로 하만에게 꿇어 절하되 모르드개는 꿇지도 아니하고 절하지도 아니하니 대궐 문에 있는 왕의 신복이 모르드개에게 이르되 너는 어찌하여 왕의 명령을 거역하느냐 하고 날마다 권하되 모르드개가 듣지 아니하고 자기는 유다인임을 고하였더니 저희가 모르드개의 일이 어찌 되나 보고자 하여 하만에게 고하였더라 하만이 모르드개가 꿇지도 아니하고 절하지도 아니함을 보고 심히 노하더니 저희가 모르드개의 민족을 하만에게 고한 고로 하만이 모르드개만 죽이는 것이 경하다 하고 아하수에로의 온 나라에 있는 유다인 곧 모르드개의 민족을 다 멸하고자 하더라』(에 3:2-6)

세상 사람들은 신앙을 지키고자 하는 사람을 유심히 보고 있습니다.
어찌 되나 보고자 한답니다.
하나님이 보호해 줄 것인지
아니면 하나님의 보호를 받지 못할 것인지.
다른 말로 하면
우리가 믿는 하나님이 정말 계신 것인지 아니면 없는 것인지...
관찰하고 있지요.

성도는 당당해야 하는 겁니다.
하나님이 어떤 도움이 되느냐 하는 것보다도
내가 하나님의 뜻대로 살고 있느냐 하는 것이 중요한 거지요.
도와주고 살려주고 유익이 되기에 하나님을 섬기는 것이 아니라
그 분이 하나님이시기 때문에 섬기는 거랍니다.

5 에 3:7-15

꾸며지는 음모

모르드개로 인해 화가 난 하만은 자신의 신복들과 함께 모르드개를 죽이고 그의 민족인 유다인들을 진멸시킬 음모를 꾸몄습니다. 한 민족을 진멸시킨다는 엄청난 살인 계획의 음모였습니다만 명분 만드는 것은 어렵지 않았습니다. 준비되고 있는 반역을 막기 위한 행동으로 명분을 삼은 것입니다. 하만은 자기 사람들과 치밀한 계획을 세웠습니다. 모르드개를 비롯한 유다인을 진멸하는 소위 말하는 D-day를 잡았지요. 아달월, 곧 12월 13일, 모르드개와 유다인을 학살하기로 한 겁니다. 물론 그 달을 선택한 것은 자기들 나름대로의 제비뽑기를 통해 얻었답니다. 정월(유대력으로는 아달월) 13일에 날을 정했으니 12개월 후에 일어날 일이었던 겁니다.

하만이 아하수에로 왕에게 나아갔습니다. 자신이 꾸미고 있는 일에 대하여 재가를 받기 위함이었습니다. 민족 하나를 모두 진멸시키는 일이었으니 아무리 총리이지만 왕의 허락을 받아야 했던 겁니다.

"전하, 신(臣) 총리 하만이나이다."

"드시오. 국사가 바쁘실 터인데 어인 일로 총리께서 짐을 찾으셨는지요?"

"전하, 전하의 은덕으로 인해 나라가 평탄하여 태평성대를 이루고 있나이다. 또한 전하의 넓으신 덕망으로 인해 신에게 맡겨준 총리의 임무를 무탈하게 수행하고 있나이다. 그리하여 전하에 대한 감사의 표로 작은 선물을 가지고 들어 왔사오니 국가 경영에 조금이나마 보탬이 되기를 바라나이다."

"고맙구려. 언제나 총리께선 짐과 국가를 위하여 아낌없는 충성을 보이시니 내 마음이 편안하오. 이번에 어떤 것을 가지고 들어오셨소?"

"전하, 미약하나마 은 일만 달란트를 바치나이다. 작은 것이오나 왕의 창고에 넣어 필요하실 때 국사를 살피소서."

"고맙구려."

"전하, 신(臣)이 아뢰옵는 것은 제국의 안위와 미래를 위하여 드리는 말씀이옵니다. 바사 제국은 전하의 은혜 아래 여러 민족이 연합하여 한 제국을 형성한 것이 아니옵니까? 그리고 여러 민족들이 전하의 법 아래서 이곳 저곳에 흩어져 지내고 있나이다. 그런데 한 민족이 자신들만의 법이 있다 하여 전하의 법 따르는 것을 거부하고 있사오니 이를 용납하시는 것은 옳지 않은 것은 물론이요 제국의 안위와 미래를 위해서도 무척이나 위험한 것이라 사료되옵니다. 따라서 신의 의견으로는 전하께서 조서를 내리시어 전하의 법을 따르지 않는 민족을 진멸하는 것이 마땅하다 생각하나이다. 신이 이 일을 지혜롭게 잘 처리하여 전하에게 폐와 누를 끼치지 않는 한도에서 처리하겠사오니 하락하시옵소서. 나라 살림에도 염려가 없게 하겠나이다."

하만의 말을 들은 아하수에로 왕은 분노가 일어났습니다. 자신의 법을 의도적으로 어기면서 독립을 꾀하고 있다는 내용이었기 때문입니다. 원래부터 성질이 급한 아하수에로 왕은 생각 없이 하만에게 반지를 빼어 주었습니다. 제국에 조서를 마음대로 내리라는 말이었고, 하만의 하는 일에 왕이 무조건 허락한다는 의미였습니다.

"하만 총리여, 내 어인을 빼어주니 짐에게 반기를 들고 있는 민족을 모두 진멸하시오. 또한 총리께서 짐에게 가지고 온 은 일만 달란트를 다시 가지고 가서 그것으로 악한 무리를 진멸하는 비용으로 쓰도록 하시오. 반역의 무리는 제국 어느 곳에 숨더라도 찾아내어 완전히 진멸하도록 하시오!"

『아하수에로 왕 십이년 정월 곧 니산월에 무리가 하만 앞에서 날과 달에 대하여 부르 곧 제비를 뽑아 십이월 곧 아달월을 얻은지라 하만이 아하수에로 왕에게 아뢰되 한 민족이 왕의 나라 각 도 백성 중에 흩어져 거하는데 그 법률이 만민보다 달라서 왕의 법률을 지키지 아니하오니 용납하는 것이 왕에게 무익하니이다 왕이 옳게 여기시거든 조서를 내려 저희를 진멸하소서 내가 은 일만 달란트를 왕의 일을 맡은 자의 손에 부쳐 왕의 부고에 드리리이다 왕이 반지를 손에서 빼어 유다인의 대적 곧 아각 사람 함므다다의 아들 하만에게 주며 이르되 그 은을 네게 주고 그 백성도 그리하노니 너는 소견에 좋을 대로 행하라 하더라』(에 3:7–11)

하만은 하나님의 백성을 죽이기 위해
은 일만 달란트, 적어도 450 톤의 은을 내놓은 겁니다.
대단하지요!
그런데 하나님은 우리의 죄를 사하고 구원하기 위해
아들의 목숨을 내놓으셨답니다.
하여간 조심해야 할 것이 있습니다.
사탄은 우리를 죽이기 위해 하만처럼
음모를 꾸미고 있다는 것을 알고
우리는 흔들림 없이 견고하게 믿음을 지켜야 한다는 겁니다.
나를 살리기 위해 아들을 십자가에 내놓으신 하나님의 사랑을
묵상하고 견고히 붙잡으세요!

유다인을 진멸하는 일에 있어서 하만의 권력은 왕의 권력이었습니다.

그 일을 하기 위한 돈도 생겼습니다. 권력과 돈으로 왕의 서기관을 매수했고 왕의 대신들도 매수했습니다. 저들을 모아 전국에 유다인을 진멸하기 위한 조서를 내렸습니다. 물론 돈도 함께 보내며 관원들과 도지사들을 회유했고, 마을마다 12월 13일에 유다인을 진멸할 것이라고 알렸답니다. 물론 각 민족의 언어로 써 놓았지요. 벽에 붙어 있는 조서에는 왕의 반지로 인쳐 있었답니다.

『정월 십삼일에 왕의 서기관이 소집되어 하만의 명을 따라 왕의 대신과 각 도 방백과 각 민족의 관원에게 아하수에로 왕의 이름으로 조서를 쓰되 곧 각 도의 문자와 각 민족의 방언대로 쓰고 왕의 반지로 인치니라』(에 3:12)

아하수에로의 조서

나 바사 제국의 왕 아하수에로는 명하노라.
12월 13일 하루 동안 제국에 살고 있는 유다인들을 진멸할 것이니라.
유다인은 노인이나 어린 아이나 부녀를 막론하고 모두를 죽일 것이며
도륙하고 진멸하고 그 재산을 탈취할 것이니라.
모든 민족은 왕이 지정한 그날 명령을 수행할 것이니라.
아울러 이 조서의 초본을 모든 민족에게 빠짐없이 전하여
정해진 날 수행하는 일에 차질이 없도록 할지니라.

『이에 그 조서를 역졸에게 부쳐 왕의 각 도에 보내니 십이월 곧 아달월 십삼일 하루 동안에 모든 유다인을 노소나 어린 아이나 부녀를 무론하고 죽이고

도륙하고 진멸하고 또 그 재산을 탈취하라 하였고 이 명령을 각 도에 전하기 위하여 조서의 초본을 모든 민족에게 선포하여 그 날을 위하여 준비하게 하라 하였더라」(에 3:13-14)

하만이 왕의 이름으로 내린 조서는
유다인을 모두 죽이고 도륙하고 탈취하라는 내용입니다.
이유는 없습니다.
그리스도인이 핍박을 받고 사는 것에는
이유가 없습니다.
이유 없이 당해야 하는 것이 그리스도인이 당하는 고통입니다.
이유가 있다면 그리스도인이라는 신분 때문입니다.
그런데 그 신분 때문에 고통을 당하고 죽임을 당한다면
그건 그리스도께서 책임져 주실 일이랍니다.

하만이 왕의 이름을 빌려서 쓴 유다인 학살 조서는 왕실의 글을 전하는 자들에 의해 순식간에 전국으로 전달되었습니다. 제국의 땅이 워낙 넓어서 말을 타고도 몇 달이 걸리는 지역이 있기에 역졸들을 급히 움직였던 겁니다. 한 날, 12월 13일, 일시에 모두를 죽여야 하기 때문이었지요.

조서는 제일 먼저 수산 성에 반포되었습니다. 마을마다 골목마다 사람이 모이는 곳이라면 12월 13일 유다인 대학살에 관한 조서가 붙은 겁니다. 아무런 명문도 적혀 있지 않은 유다인 학살에 대한 왕의 조서는 유다인에게는 심장을 멎게 하는 내용이었지만, 다른 민족에게도 이해할 수 없는 조서로 가십거리가 되고 있었답니다. 그러나 유다인 학살 조서를 보낸 하만은 왕실로 들어가 미리 준비한 술로 왕의 마음을 샀고 음모가 성공할 것을 꿈꾸며 취하여 있었답니다. 백성들은 공포로 취하여 있었고 악인은 술로 취하여 있었던 거지요.

『역졸이 왕의 명을 받들어 급히 나가매 그 조서가 도성 수산에도 반포되니 왕은 하만과 함께 앉아 마시되 수산 성은 어지럽더라』(에3:15)

아하수에로 왕의 미련함이 보입니다.
하만에게 속고 있는 미련함이지요.
혹시 우리도 진실을 알지도 못하면서 음모꾼에게 속아
애매한 사람을 죽이는 일을 하고 있지는 않은지요?
이런 사람이 지위를 얻으면 애매한 사람이 죽는 겁니다.
백성이 힘들어 지는 겁니다.
악인이 득세를 하는 거랍니다.

❻ 에 4:1-3

모두의 슬픔입니다

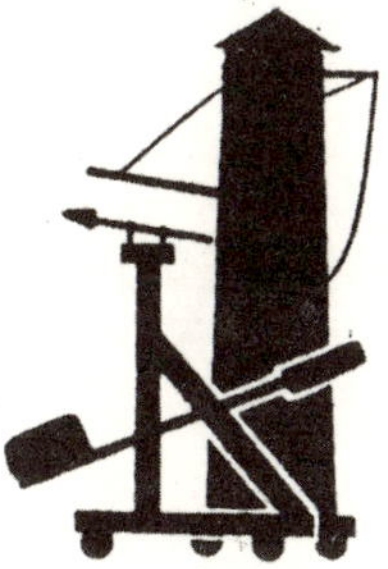

수산 성은 어지러웠습니다. 아니 어두움과 슬픔으로 무거운 생활이었습니다. 유다인들은 죽을 날을 받아 놓았으니 공포에 찌들어 있었고, 다른 사람들은 이웃 유다인들이 죽어야 한다는 조서에 마음이 무거운 겁니다.

궁궐 수문장인 모르드개도 이 엄청난 소식을 들었습니다. 분명 하만이 꾸민 것이고, 그 원인은 자신이 하만에게 엎드려 절을 하지 않은 것 때문이라는 것도 짐작하였지요. 자기 하나 때문에 유다인 전체가 진멸될 것이라고는 상상도 못했습니다. 오히려 자신은 벌을 받아 죽을 수도 있겠다 싶었지만 민족 전체가 이런 위기에 빠질 것이라고는 생각을 못했던 겁니다.

동족에게 미안했습니다. 아니 어떤 동족은 누구에게 들었는지는 몰라도 모르드개가 하만에게 절하지 않고 버퉁긴 것이 계기가 되어 우리 민족이 어려움을 겪게 되었다고 하면서 모르드개를 원망하기도 했답니다. 이래저래 모르드개는 잠을 이룰 수가 없었고 아무 것도 할 수가 없었습니다.

민족이 말살된다는 소식에 모르드개는 입고 있던 관복을 찢고 굵은 베옷을 입었습니다. 길을 가면서도 흙을 뿌리며 죽음을 맞이한 사람의 태도를 보였습니다. 길을 가면서 울었답니다. 조용히 운 것이 아닙니다. 민족이 말살된다는 소리를 내면서 대성통곡을 하였지요. 자신의 임무인 수문장의 일을 하기 위하여 궁궐로 가면서도 여전히 상여를 따라가는 사람처럼 굵은 베옷을 입고 통곡을 하였답니다. 물론 그런 차림으로는 궁으로 들어가지 못했구요.

수산 성을 시작으로 유다인 학살 조서가 전국적으로 퍼지고 있었습니다. 조서를 접한 마을마다 유다인들이 대성통곡하는 것은 물론이고 다른 민족 사람들도 슬퍼하고 있었습니다. 유다인들이라면 모두가 굵은 베옷을 갈아 입었고, 어떤 사람은 긴 날들 동안 금식을 하면서 하나님께 부르짖고 있었답니다. 심지어는 무덤가에 가서 생활하는 사람도 있었지요.

『모르드개가 이 모든 일을 알고 그 옷을 찢고 굵은 베를 입으며 재를 무릅쓰고 성중에 나가서 대성통곡하며 대궐 문 앞까지 이르렀으니 굵은 베를 입은 자는 대궐 문에 들어가지 못함이라 왕의 조명이 각 도에 이르매 유다인이 크게 애통하여 금식하며 곡읍하며 부르짖고 굵은 베를 입고 재에 누운 자가 무수하더라』(에 4:1-3)

모르드개는 자기 때문에 민족이 고통을 받고 있다고 생각합니다.
그러나 유다인들은 모르드개 때문이라고 말하고 있지 않습니다.
(혹 그런 사람이 있었을 수는 있지만 성경에는 그런 말이 없습니다.)
누구의 문제가 아니라 우리의 문제요
나의 문제이기 때문이랍니다.

우린 한 형제자매들이기에
책임을 따지지 않습니다.
죽어도 같이 죽고 살아도 같이 사는 것이 형제자매이지요.
형제의 아픔이 나의 아픔이어야 하는 겁니다.

한국 교회가 몸살을 앓고 있습니다.
교회끼리도 경쟁을 하고 있습니다.
목회자끼리도 경쟁을 한답니다.
한국 교회의 몸살이 이웃 교회의 책임이라고 말하면 안 됩니다.
이웃 목회자의 잘못이라고 해도 안 되는 겁니다.
우리의 문제입니다.
함께 굵은 베옷을 입고 슬퍼해야 하고
함께 풀어야 하는 문제인 거지요.

바사에 남아 있는 유다인에게 죽음의 위기가 왔습니다.
아마도 죽음의 조서가 내려진 걸 듣고
어떤 노인들은 후회를 했을 거라 생각이 듭니다.
약 50년 전에 스룹바벨과 더불어
예루살렘으로 가지 않은 것을...
고생이 싫어서, 혹은 바사 땅의 기반이 좋아서,
아이들 교육과 미래 때문에...
많은 이유를 대면서 눌러 앉았는데
자신은 물론 민족 전체가 죽게 되었으니
후회가 되었을 거라 생각 드네요.

신앙의 결단이 필요할 때가 있습니다.
그 결단이 물질적인 것이 아니고 신앙적인 것이라면
과감하게, 미련 없이 선택해야 하는 겁니다.
그렇지 않으면 훗날 어떤 일이 벌어질지 아무도 모르는 거지요.
하지만 신앙 따라 한 결정은 후회도 아쉬움도 없을 뿐만 아니라
하나님이 주신 행복을 누린답니다.
예루살렘 성전을 짓기로 선택하고 간 사람들은
지금, 죽음의 위기도 없고
오히려 아름다운 제사를 드리고 있잖아요!

❼ 에 4:4-17
구원을 위한 일꾼들

왕후 에스더에게 모르드개의 소식이 전해졌습니다.

"왕비마마, 궁궐 수문장 모르드개의 소식을 가지고 왔나이다."

시녀의 말이었습니다. 얼마 동안 모르드개의 소식을 듣지 못했기에 궁금하던 차에 시녀와 내시를 보내어 소식을 가지고 오게 한 것이거든요.

"어서 들어 전하시오."

"왕비마마, 궁궐 수문장 모르드개가 굵은 베옷을 입고 궁에 들어오지를 못하고 있나이다."

"이보게나, 내 이미 그 소식을 들어서 알고 있네. 그러니 내 말이라고 하면서 수문장 모르드개에게 옷을 갖다 주게나. 나 왕비가 내리는 옷이니 꼭 받아 입도록 하시오."

시녀와 내시는 에스더 왕비가 갖다 주라고 하는 옷을 모르드개에게 전했습니다만 모르드개는 받지 않았습니다. 시녀와 내시가 모르드개를 설득하면서 왕후의 명이라 하여도 들은 체 하지 않았지요.

"왕비마마, 모르드개 수문장이 마마께서 보내신 옷을 받지도 않고 갈아입지도 않았나이다."

"도대체 무슨 연고로 베옷을 입고 궁궐 출입도 하지 않는단 말이냐? 당장 하닥을 불러오시오."

하닥은 왕이 친히 보낸 신하로서 왕권을 가진 왕비의 시중이었습니다. 누구도 하닥을 함부로 대하지는 못했답니다.

"하닥 내시, 지금 이 길로 수문장 모르드개를 찾아가서 내 이름으로 물어 대답을 받아오시오. 어이 하여 베옷을 입고 재를 뒤집어쓰고 있는가를 말이오. 나 왕후가 속이 타서 견딜 수 없으니 일체의 거짓 없는 대답을 받아 고하시오."

"예, 왕비마마."

하닥의 대답이었습니다.

『에스더의 시녀와 내시가 나아와 고하니 왕후가 심히 근심하여 입을 의복을 모르드개에게 보내어 그 굵은 베를 벗기고자 하나 모르드개가 받지 아니하는지라 에스더가 왕의 명으로 자기에게 근시하는 내시 하닥을 불러 명하여 모르드개에게 가서 이것이 무슨 일이며 무슨 연고인가 알아보라 하매』(에 4:4-5)

하만의 유다인 학살이라는 엄청난 음모를 왕비가 모르고 있습니다.
음모는 그런 겁니다.
언제나 아는 사람만 아는 것으로 하고 음모를 꾸미지요.
만일 음모라는 것이 알려지면 개망신을 당하게 되기 때문입니다.
누군가가 사람을 죽이기 위해 음모를 꾸미고 있지 않습니까?
입을 맞춰야 한다고 하면서 말을 짜고 있지 않습니까?
음모를 꾸민 다음 할 말과 하지 말아야 할 것들을 정리해서
말을 넣어주지 않습니까?
누구에겐 말을 하고 누구에겐 말을 하지 말라고 하진 않는지요.
음모입니다.
음모는 죄악이랍니다.

하닥이 왕비의 명을 받고 왕궁 광장에 있는 모르드개를 찾아갔습니다. 그야말로 완전히 폐인의 모습을 하고 있는 겁니다. 굵은 베옷을 입고 온 몸엔 먼지를 뒤집어쓰고 있었지요. 음식을 먹은 지도 오래 된 듯 입에서는 냄새가 나고 있었고, 몸은 수척해 있었습니다.

"이게 무슨 꼴이요, 수문장? 왕비께서 그대의 입궐을 보지 못하신 지가 오래되고 궁금하여 시녀와 내시를 보내시고 또 베옷을 입고 있다 하여 갈아입을 옷도 보내셨는데 그것도 거절했다고 들었소. 왕비께서 그대로 인해 근심이 크시어 나를 보내 까닭을 알아 오라 하셨으니 숨김없이 고하시오."

"이보게 하닥, 그대는 작금 수산 성과 제국 구석구석에서 일어나는 일에 대하여 알고 있는가? 유다인 말살 계획 말일세. 12월 13일에 나와 내 민족이 남녀노소를 불문하고 죽임을 당하는 날로 정해졌다네. 하만이 그리 음모를 꾸민 것이지. 전하는 하만의 간계에 속아 아무런 죄 없는 내 민족을 죽이는데 허락을 하신 것이고. 게다가 하만이 전하에게 은 10,000 달란트를 갖다가 바치면서 음흉한 일을 꾸민 것이 아닌가! 여기 하만이 전하의 어인을 찍어 전국에 뿌린 조서가 있네. 이걸 가지고 에스더 왕비께 전해 드리게나. 왕비께서는 하만의 이런 음모를 전혀 듣지도 못하신 것 같다이. 한 가지 더 부탁할 말이 있네. 왕후께 이 모르드개가 간절히 부탁하더라고 전해주이. 왕후께서 하만에게 속고 계신 전하에게 직접 나가시어 내 민족 유다인을 위해 우리의 억울함을 간절히 신원하여 주시길 부탁한다고 말이야."

"그래, 내 자네의 말을 전함세. 나도 일찍 들어서 알고 있는 일이지만 왕비께선 모르고 계셨을 지도 모르는 일이구먼. 허나 워낙 지엄하신 왕의 조서로 내려진 일이기에 왕비께서 전하에게 나가실 수 있으실지 모르겠네.

하여간 자네의 말을 왕비께 빠짐없이 전함세!"

하닥은 모르드개의 말을 듣고 침울한 마음으로 왕비 전으로 돌아왔습니다.

"왕비마마, 신(臣) 하닥이옵니다. 분부하신 말씀을 따라 수문장 모르드개를 만나 베옷을 갈아입지 않는 연유를 듣고 왔나이다."

"어서 드셔서 고하시오."

"마마, 석 달 전에 전하의 조서가 전국에 전해졌나이다. 다름이 아닌 유다인을 진멸하라는 조서이온데, 12월 13일에 그 일을 행하라 하셨나이다. 유다인을 모두 진멸하라는 이유는 조소에 없기에 알 수 없으나 지엄하신 전하의 인장이 찍힌 일이기에 제국 안에 있는 온 유다인에게는 비탄의 소식이었나이다. 그러하온데 수문장 모르드개는 유다인이며 또 자신의 민족이 한 날 한 시에 몰살된다는 소식을 듣고 어찌 음식을 먹을 수 있으며 편히 침수할 수 있으며 평복을 입을 수 있겠냐고 하였나이다. 그렇기에 자신은 베옷을 입고 재를 뒤집어쓰고 민족의 슬픔을 애통하고 있는 것이라 하였사옵니다."

에스더 왕비는 깜짝 놀랐습니다. 수산 궁과 전국에 유다인 진멸에 관한 조서가 퍼진 지가 꽤 되었는데도 왕비인 자신은 전혀 모르고 있었다는 것과 유다인이 다 죽게 되었다는 것에 오금이 떨렸습니다.

“왕비마마, 수문장 모르드개가 마마께 꼭 전해 드리라는 말씀이 있었나이다.”

“얼른 말해 보시오.”

“이 일로 인하여 온 유다인이 죽게 되었으니 왕비마마께서 유다인들의 억울함을 가지고 전하께 나아가 간절히 신원하여 주시길 부탁하였나이다.”

하닥의 말을 들은 에스더는 고민이 되었습니다. 왕이 부르지를 않았는데 왕에게 나감으로 해서 왕의 마음을 불쾌하게 한다면, 왕비의 자리에서 폐위가 될 수도 있기 때문이었지요. 에스더는 이러지도 못하고 저러지도 못하는 진퇴양난(進退兩難)의 위기에 있었답니다.

“이보게 하닥, 왕의 신하와 백성들이 다 아는 것처럼 누구든지 간에 왕의 부름이 있지 않고서는 전하가 계신 안뜰에 들어갈 수 없다는 걸 알고 있지 않소. 그건 죽음이 아니요. 안뜰에 들어갔을 때 전하께서 금홀을 내미셔야 살 수 있을 것인데 이를 어찌하면 좋겠소? 내가 왕에게 부름을 받아 나아간 지가 벌써 30일이나 되었지 않소! 이 참 답답한 노릇이구려!”

“마마, 이 일에 대하여 소인이 알고 있는 바를 아뢰어도 되겠는지요?”

“어서 말해 보시오.”

"마마, 이 일에는 지금 전하의 신임을 받고 있는 하만 총리가 깊이 개입되어 있나이다. 하만 총리가 수문장 모르드개에 대한 감정으로부터 시작하여 모르드개의 민족 전체를 진멸하려고 한 것이나이다. 전하께서는 이 사실을 모르시고 하만의 음모에 속으셔서 유다인을 멸하는 일에 허락을 하신 것이나이다. 왕비마마께서는 이 일의 전말을 소상히 알고 계셔야 할 것이나이다."

"알겠소. 그런 음모가 있었구먼. 못된 것 같으니라구! 하여간 지금 궁 안의 내 처지가 전하께 나가야 하는 것에 대하여 어찌해야 하는지를 모르겠으니 하닥께서는 다시 한 번 모르드개에게 가서 내 입장을 설명해 주길 바라오."

『하닥이 대궐 문 앞 성중 광장에 있는 모르드개에게 이르니 모르드개가 자기의 당한 모든 일과 하만이 유다인을 멸하려고 왕의 부고에 바치기로 한 은의

왕이 부르지 않았는데 왕에게 나가지 못하는 이유가 있었답니다.

왕비만이 아니고 다른 대신들까지도 그랬답니다. 그 이유가 몇 가지 있었는데 하나는 왕 암살에 대한 위험을 막기 위해서였고, 또 다른 하나는 왕은 신이기에 함부로 만날 수 있는 존재가 아님을 알리는 거였지요. 마지막 이유는 왕비의 출입을 제안한 것인데 왕비 눈을 피해 후궁들이나 다른 여인들과 자유롭게 지내기 위해서 만든 제도라는 겁니다. 이것이 바사의 지엄한 국법(國法)이었다나요!

정확한 수효를 하닥에게 말하고 또 유다인을 진멸하라고 수산 궁에서 내린 조서 초본을 하닥에게 주어 에스더에게 뵈어 알게 하고 또 저에게 부탁하여 왕에게 나아가서 그 앞에서 자기의 민족을 위하여 간절히 구하라 하니 하닥이 돌아와 모르드개의 말을 에스더에게 고하매 에스더가 하닥에게 이르되 너는 모르드개에게 고하기를 왕의 신복과 왕의 각 도 백성이 다 알거니와 무론 남녀하고 부름을 받지 아니하고 안뜰에 들어가서 왕에게 나아가면 오직 죽이는 법이요 왕이 그 자에게 금홀을 내어 밀어야 살 것이라 이제 내가 부름을 입어 왕에게 나아가지 못한 지가 이미 삼십 일이라 하라』(에 4:6-11)

하닥이 모르드개를 만나 에스더 왕비의 말을 전했습니다. 그리고는 회답을 주었지요. 이번에는 글로 적었답니다. 하닥이 보지 못하도록.

에스더 왕비여,
그대는 편안하고 안전한 궁에 계시는구려.
그렇다고 해서 모든 유다인이 죽임을 당할 때
왕비께서만 홀로 죽음을 면할 것이라고는 생각지 마시오.
지금 왕비께서 잠잠하시고 말이 없으시다면
유다인은 다른 데로 말미암아 놓임과 구원을 받을 것이지만,
그러나 왕비의 가문은 멸망하고 말 것이오.
왕비께서 그 자리에 앉으신 것은 이때를 위함이 아닌지
누가 알겠나이까?

모르드개의 글은 단호했습니다. 에스더 왕비에게 구차하게 살지 말라는 말이었습니다. 에스더 왕비도 모르드개의 글을 읽고 회답의 글을 썼답

니다.

모르드개 오라버니,
오라버니께서는 수산에 있는 모든 유다인을 모으시고
나를 위하여 금식을 선포하소서.
금식을 하되 밤낮 삼일을 먹지도 말고 마시지도 말게 하소서.
나 왕비 에스더도 나의 시녀들과 더불어
삼일 밤낮을 같이 금식할 것이니이다.
그러한 후에 바사의 규례를 어기고 왕에게 나아갈 것이니이다.
이 한 몸, 죽으면 죽으리이다!

에스더 왕비의 글이 모르드개에게 전달되었습니다. 모르드개는 힘을 다해 수산에 있는 동족을 찾아다니면서 왕비의 말대로 금식을 부탁했지요. 에스더 왕비를 위한 금식이었습니다.

『그가 에스더의 말로 모르드개에게 고하매 모르드개가 그를 시켜 에스더에게 회답하되 너는 왕궁에 있으니 모든 유다인 중에 홀로 면하리라 생각지 말라 이때에 네가 만일 잠잠하여 말이 없으면 유다인은 다른 데로 말미암아 놓임과 구원을 얻으려니와 너와 네 아비 집은 멸망하리라 네가 왕후의 위를 얻은 것이 이때를 위함이 아닌지 누가 아느냐 에스더가 명하여 모르드개에게 회답하되 당신은 가서 수산에 있는 유다인을 다 모으고 나를 위하여 금식하되 밤낮 삼 일을 먹지도 말고 마시지도 마소서 나도 나의 시녀로 더불어 이렇게 금식한 후에 규례를 어기고 왕에게 나아가리니 죽으면 죽으리이다 모르드개가 가서 에스더의 명한 대로 다 행하니라』(에 4:12-17)

모르드개의 믿음이 멋있습니다.

하나님의 백성은 반드시 구원된다는 믿음입니다.

하나님께서 당신의 백성을 반드시 구원하실 거라는 믿음이지요.

그런데 에스더에게 그 도구로 쓰임을 받으라는 겁니다.

그건 기회고 행운이고 축복이라는 말입니다.

만일 하나님의 도구로 쓰임 받는 걸 거절한다면

그 기회와 은총은 다른 사람에게 넘어간다는 거지요.

대단한 확신과 믿음입니다.

우리의 믿음도 그래야 합니다.

생각도 그래야 합니다.

하나님은 반드시 당신의 일을 하실 것인데

그 일에 적극적으로 나서십시오.

누군가가 해야 할 것인데 다른 사람에게 기회가 넘어가기 전에

앞장서서 기회를 잡으십시오.

그건 복입니다!

하나님이 나에게 지위를 주셨습니다. 물질을 주셨습니다.

지식을 주셨습니다. 명성도 주셨습니다.

다른 사람이 갖지 못한 은사를 주셨습니다.

반드시 이유가 있습니다.

에스더에겐 민족을 구원하도록 주신 왕비의 자리입니다.

우리에겐 왜 주셨을까요?

망설이지 말고 나서는 겁니다.

나설 수 있는 자격 주심을 감사하면서 나서는 겁니다.
하나님의 응원을 바라보면서 용감하게 나서는 겁니다.
죽으면 죽으리라는 마음으로…
그러나 결코 죽지 않는답니다!

앞장서서 일하는 사람에게 필요한 건 기도입니다.
일하면서 가장 필요한 것이 기도임을 잊지 말고
기도를 부탁하십시오.
일하는 사람에게 가장 필요한 것이 기도라는 걸 잊지 말고
기도해 주어야 합니다.
물론 본인도 기도해야 하는 것이구요.
기도는 하나님을 움직이고
하나님은 사람의 마음과 세상을 움직이신답니다.

❽ 에 5:1-8

용기

많은 날이 지나며 전국에 반포된 유다인들 대학살과 진멸의 날이 다가오고 있었습니다. 유다인들은 모두가 체념한 듯 살고 있었습니다. 그러나 살 것이라는 것을 포기하지 않은 사람이 있었지요. 믿음의 거장 모르드개였습니다. 모르드개에게는 권력의 중심부에 있는 왕비 에스더가 그 일을 해 주리라 바랐습니다만, 에스더가 아니더라도 하나님은 분명 당신의 백성을 구할 것을 믿었답니다.

왕비 에스더도 자신을 위해 수산 성의 유다인들이 금식을 하고 있다는 소식에 더욱 용기가 생겼습니다. 삼일 동안 어떤 음식도 마실 것도 입에 대지 않아 허기가 지고 힘이 없었습니다만 영혼은 어느 때보다도 맑았고 마음이 평안했습니다. 아하수에로 왕이 부르지 않는다 하더라도 그 앞에 나갈 용기가 솟구쳤답니다. 정말 이상한 자신이 생겼습니다.

"내 전하께로 나갈 것이니 차비를 차려 주시오."

시녀들에게 하는 말이었습니다. 시녀들도 왕비와 함께 기도하고 금식했던 터라 몸이 무척이나 약해 있었습니다만 마음은 왕비와 같았는지 얼굴이 평안으로 가득 차 있었습니다.

삼일 간 음식을 입에 대지도 않았지만 왕비 에스더의 모습은 아름다웠습니다. 오히려 음식을 먹을 때보다 훨씬 더 아름다웠습니다. 왕비 에스더는 시녀들의 안내를 받으며 아하수에로 왕이 있는 안뜰로 갔지요. 왕이 부르지도 않았는데 그 안으로 가는 것이 부담이 되기도 했지만 이 날은 아주 가볍고 자연스러운 마음으로 왕을 향해 나가고 있었습니다.

아하수에로 왕이 머무는 안뜰에 발을 딛어 놓았습니다. 소위 말하는 어전(御殿)이었습니다. 오랜만에 어전에 들어선 겁니다. 지난 30일 전에 왕의 부름이 있어서 들어 온 후로 처음이었습니다. 왕은 자신의 보좌에 앉아 있었답니다.

왕비가 전갈도 없이 왕의 안뜰에 나타난 것으로 인해 왕의 신하들은 당황스러워 했습니다. 신하 중에 어느 누구도 왕이 왕비를 불러 오라는 말을 들은 적이 없을 뿐만 아니라 왕비로부터도 왕에게 나올 것이라든지 나오고 있다는 말을 전달 받은 적이 없었기 때문입니다. 갑자기 나타난 에스더 왕비로 인해 왕의 어전은 졸지에 어수선해 진겁니다. 신하들은 이 사건이 어떻게 진행될 것인지 초조해 하고 있었답니다.

어전(御殿) 문을 들어섰습니다. 그리고는 소리 없이 서 있었답니다. 왕은 왕비가 나타난 것을 의식하지 못했습니다. 보좌에 앉아 몇 사람과 국사를 논하느라 정신이 없었던 겁니다. 그러다가 뭔가 이상해서 고개를 들어 어전의 문 쪽을 바라보았는데 뜻밖의 사람이 서 있었습니다. 누구냐는 것을 생각도 하기 전에 그 아름다움에 마음을 빼앗겼답니다. 정말 아름다웠습니다.

에스더 왕비라는 걸 아는 건 어렵지 않았습니다. 왕은 이야기 하던 사람들에게 다음에 하자고 양해를 구하더니 이내 밝은 얼굴로 보좌를 내려와 에스더 왕비에게로 가까이 가는 거였습니다. 왕을 모시는 내시들은 성격이 괴팍한 아하수에로 왕이 어떤 반응을 보일지 긴장하고 있었구요.

"그대가 정녕 짐의 아내인 왕비 에스더요?"

아하수에로 왕이 다소곳이 서 있는 에스더 왕비에게 물었습니다. 그 목소리는 따뜻했습니다.

"예, 전하 소첩 에스더이옵니다. 그간 평안하시었사옵니까?"

에스더의 목소리는 차분하면서도 왕을 그리워하는 사랑 섞인 목소리였답니다.

왕은 이내 자신이 들고 있는 금홀을 들어 왕비에게 내밀었습니다. 금홀이 왕의 손에서 에스더 왕비의 몸으로 올라가는 그 짧은 순간에 왕의 내시들은 물론 왕비의 시녀들까지도 마음이 변하고 있었습니다. 초긴장되었던 마음들이 행복의 마음으로 바뀌고 있었던 겁니다. 죽음의 분위기가 생명의 분위기로 바뀌는 순간이었습니다. 왕비 앞에 금홀이 다가왔습니다. 왕비는 감춰져 있던 손을 꺼내 왕이 내민 금홀 끝을 살짝 만졌답니다. 금홀은 다시 왕의 손으로 내려왔구요.

"왕후께서 이곳에 이리 나타나심에 사뭇 놀랐소. 그간 내가 왕후에게 무심했음을 용서하시오. 허나 오늘 왕후의 모습을 보니 내 속이 시원해지는 것 같구려. 사실 그동안 복잡한 일들로 인해 마음 한구석이 허전했는데 오늘 왕후를 보니 얼마나 좋은지 모르겠소."

"전하, 전하께서 그리 말씀해 주시니 몸둘 바를 모르겠나이다. 전하의 노고를 알고 있으면서도 소첩이 전하를 잘 모시지 못함을 용서하시옵소서."

"그 무슨 말이요. 짐이 왕후를 홀로 두었으니 짐의 잘못이 크오. 내 미안하오. 그건 그렇고 왕후의 모습이 이리도 아름다우니 내 마음이 날아갈 것 같구려. 왕후께서 이곳에 나타나 나를 시원케 하셨으니 내 왕후에게 선물을 드리리다. 왕후의 소원이 무엇이요? 왕후께서 요구하시는 것이라면 내 나라의 절반이라도 드리겠소."

"전하, 소첩이 전하의 은혜를 받고 사는데 다른 무엇을 더 바라오리까? 단지 소첩, 전하를 위하여 잔치를 준비하였사온데 전하께서 선히 여기신다면 전하를 가장 가까이서 모시고 있는 총리 하만과 함께 임하시옵소서."

"그게 무슨 말씀이오. 왕비께서 짐을 위하여 잔치를 준비하셨다니요? 이런 고마울 때가 있겠소. 내 아무리 바쁜 일이 있다 하더라도 왕비께서 준비하신 잔치에 가야지요. 암, 가야 하고 말구요. 내 하만 총리를 불러서 함께 가리이다."

"여봐라, 내관은 지금 즉시 하만 총리에게 가서 오늘 저녁 왕후께서 마련한 잔치에 들도록 전하거라."

"전하, 승은(承恩)이 하늘과 같사옵니다."

『제삼일에 에스더가 왕후의 예복을 입고 왕궁 안 뜰 곧 어전 맞은편에 서니 왕이 어전에서 전 문을 대하여 보좌에 앉았다가 왕후 에스더가 뜰에 선 것을 본즉 심히 사랑스러우므로 손에 잡았던 금홀을 그에게 내어미니 에스더가 가까이 가서 금홀 끝을 만진지라 왕이 이르되 왕후 에스더여 그대의 소원이 무엇이며 요구가 무엇이뇨 나라의 절반이라도 그대에게 주겠노라 에스더가 가로되 오늘 내가 왕을 위하여 잔치를 베풀었사오니 왕이 선히 여기시거든 하만과 함께 임하소서 왕이 가로되 에스더의 말한 대로 하도록 하만을 급히 부르라 하고』(에 5:1-5상)

아하수에로 왕은 에스더의 겉모습이 예뻐서 좋아했답니다.
겉모습이 예쁘지 않았으면 물리쳤을 것입니다.
우리 주님은 우리의 겉모습이 예뻐서 받아 주시는 게 아닙니다.
겉이 예쁘지 않아도 당신께 나오는 사람을 예쁘게 받으신답니다.
속이 깨끗지 않아도 당신께 나오는 사람을 받아 주신답니다.
주님은 죄로 인해, 더러움으로 인해, 상처로 인해
볼품없게 된 모습이라 하더라도
당신께로 나오는 모든 사람을 예뻐해 주시는 분이랍니다.
주님께서는 누구나 당신께 나오길 기다리고 계신답니다.
누구라도 안아 주실 겁니다.
누구라도 이해하실 겁니다.
누구라도 그의 눈에 눈물이 있다면 닦아 주실 겁니다.
누구라도 마음에 상처가 있다면 조심스럽게 싸매 주실 겁니다.
그리고 아주 포근한 목소리로 말씀하실 겁니다.
"너는 내 것이라"고! "내가 너를 존귀하게 여긴다"고.

하만의 집은 졸지에 흥분되었습니다. 왕이 보낸 사자의 말 때문이었지요. 왕비가 왕과 자기만 잔치에 초청을 했다는 겁니다. 몇 번이나 왕이 보낸 신하에게 물었지만 분명 왕비가 왕과 자기만 잔치에 불렀다는 겁니다. 하만은 온 집안 식구와 하인들에게도 이 특별한 소식을 전하면서 흥분을 감추지 못하고 있었습니다. 스스로 생각하기를 이젠 왕은 물론 왕비의 마음까지도 자신을 신뢰한다고 확신한 것이었죠.

왕비가 마련한 잔치 자리는 훌륭했습니다. 격식에 맞았고 왕의 마음에 부담이 되지 않는 예의 바르고 깨끗한 잔치였습니다. 왕의 마음에 꼭 들은 것은 물론이고 동석한 하만의 마음에도 잘 준비된 품위 있는 잔치 자리라는 생각이 들었답니다.

에스더 왕비의 모습은 여전히 아름다웠습니다. 에스더는 왕이 자신을 기다리고 있는 것을 알고 가까이서 왕의 잔에 술을 따르며 왕의 마음을 흡족하게 하였습니다. 아하수에로 왕은 에스더의 움직임 하나하나는 물론 그의 말 한 마디 한 마디에 기쁨을 얻고 있었답니다.

"왕후께서 마련한 이 잔치가 짐의 마음을 행복하게 하는구려. 바쁜 국사 중에 이런 기쁨을 누려본 적이 없는 것 같소이다. 짐이 제국을 다스린 지가 벌써 십이삼 년이 지나가고 있소만 무척이나 바쁜 시간들이었소. 제국은 끝없이 확장되고 있지만 곳곳에서 보이지 않는 봉기들이 일어남으로 하루도 편히 지낼 수 없는 것이 짐이 아니오. 그런데 왕후께서 이런 자리를 친히 마련해 주시니 얼마나 고마운지요."

"전하, 소첩이 전하께 아무런 힘이 되어 드리지 못함을 용서하시옵소서."

"왕후께서 무슨 말씀을 그리 하시오. 짐은 왕후께서 내명부의 일을 잘 처리하시고 있기에 제국의 크고 작은 일을 할 수 있는게 아니겠소. 짐은 왕후에게 언제나 감사하고 있다오."

왕의 말은 계속되었습니다.

"사실 지난 번 그리스와의 전쟁으로 백성들도 힘이 들었겠지만 짐도 아주 어려운 시간들을 보냈소이다. 아직도 그리스 놈들과의 전쟁이 언제 또 일어날지 모르기에 긴장은 하고 있소만 왕후께서 오늘 이런 좋은 자리를 만들어 주시기에 그간 쌓였던 시름들을 한순간에 잊을 수 있을 것 같구려."

에스더는 아하수에로 왕이 하는 말을 들으면서 진심어린 마음으로 위로하고 싶었습니다. 물론 한구석에는 함께 자리하고 있는 하만의 유대인 학살 계획에 대한 음모를 무너뜨릴 것이라는 생각을 잊지 않았구요.

"전하, 소첩이 전하의 마음에 막힌 것을 푸는 잔을 올리겠나이다. 이 잔을 받으시고 전하의 시름들을 모두 버리소서!"

"그래야지요. 암. 왕후께서 주시는 잔을 들이키고 힘을 얻어야지요. 그래야 이 백성이 태평성대를 누릴 것이 아니겠소."

"하만 총리께서도 제 잔을 한 잔 받으시지요. 그 동안 전하를 잘 받들어 모시느라 수고가 많으셨을 텐데 이 잔을 받으시고 위로를 받으시오."

에스더 왕비는 하만에게도 잔을 권했습니다. 아주 친절하게.

하만은 왕후가 친히 따라주는 술잔에 정신을 차리지 못했습니다. 왕비가 마련한 잔치에 왕과 단 둘이 초청 받아 앉아 있는 것만도 황송한데 왕후께서 친히 잔을 따라 주니 어쩔 줄을 몰랐던 겁니다.

아하수에로 왕의 눈에 에스더 왕비는 더할 나위 없이 사랑스러웠습니다. 그 자태가 품위 있으면서도 흐트러지지 않은 고고함, 게다가 누구와도 견줄 수 없는 아름다움, 그런데 그것 때문이 아니었습니다. 에스더의 입에서 나오는 말 한 마디 한 마디가 왕의 마음을 위로하고 있었고 왕의 마음에 용기를 주고 있었던 겁니다. 아하수에로 왕은 오랜 만에 평안과 기쁨을 누리고 있었답니다.

"내 조금 전 왕후께 한 가지 약속을 한 것이 있었소. 왕후께 선물을 드리겠다고 했는데 왕후께서는 아무 말도 안하시고 잔치 자리에 오라 하셨을 뿐이요. 이제 왕후의 소원이 무엇인지를 듣고 그것을 드리고 싶은데 말씀을 하시지요. 내가 나라의 절반이라도 왕후께 드리겠다 하지 않았소. 내 반드시 시행할 것이외다."

아하수에로 왕의 마음은 정말 그랬습니다. 제국의 최고 권력을 가지고 있었지만 평안이 없는 겁니다. 늘 암살의 위협 속에 불안한 삶을 살아오고 있었던 겁니다. 신하들이 충성을 하고 있는 것 같지만 권력을 향한 도전들이 끊임없다는 것 때문에 숨이 막혔지요. 좋은 음식을 먹고 있었지만 그리고 모든 것을 다 할 수 있고 또 사람의 목숨까지도 죽이고 살리는 힘을 가지고 있었지만, 자신의 삶 속에는 행복과 기쁨이 없었고 쉼 없었던 겁니다. 그런데 에스더가 왕의 마음을 헤아리고 있었는지 쉼을 주고 있었답니다.

"전하, 소첩이 전하께 무슨 청을 하오리이까? 소첩은 전하와 조금이라도 더 오래 같이 있는 것이 소원일 뿐이나이다. 전하, 소첩의 소원이 있다면 내일 하루 더 시간을 내시어 소첩과 함께 하소서. 소첩이 전하와 하만 총리를 위하여 또 다른 잔치를 베풀겠나이다."

"왕후, 그게 무슨 말씀이오? 내 왕후께서 잔치를 마련하신다면 와야지요. 왕후와 함께 하는 자리라면 만사를 제쳐놓고 와야 하는 것이 아니겠소. 안 그렇소, 하만 총리?"

아하수에로 왕은 왕후의 초청에 응하면서 하만에게 동의를 구하고 있었습니다.

“전하, 지당하신 말씀이옵니다. 왕후께서 마련한 자리에 소인도 동석하는 영광을 주심을 광영(光榮)으로 생각하옵니다.”

하만은 신이 나서 대답을 하였습니다.

“내일 잔치에 나오는 것은 그렇다 하더라도 짐이 왕후께 선물을 드리고 싶은 마음이 있으니 말씀해 보시오. 내 나라의 절반을 달라 하신다 하더라도 드리겠다 하지 않소!”

“전하, 전하께서 이렇게 말씀하심에 소첩 몸둘 바를 모르겠나이다. 그러하시다면 내일 베푸는 자리에서 소첩의 소원을 말씀드리겠나이다.”

“그리 하시오. 내일 내가 이 자리에 오면 그 때는 꼭 말씀 하시오.”

> 『이에 왕이 하만과 함께 에스더의 베푼 잔치에 나아가니라 잔치의 술을 마실 때에 왕이 에스더에게 이르되 그대의 소청이 무엇이뇨 곧 허락하겠노라 그대의 요구가 무엇이뇨 나라의 절반이라 할지라도 시행하겠노라 에스더가 대답하여 가로되 나의 소청, 나의 요구가 이러하니이다 내가 만일 왕의 목전에서 은혜를 입었고 왕이 내 소청을 허락하시며 내 요구를 시행하시기를 선히 여기시거든 내가 왕과 하만을 위하여 베푸는 잔치에 또 나아오소서 내일은 왕의 말씀대로 하리이다』(에 5:5하-8)

9 에 5:9-14

내일 일은 난 몰라요!

만찬은 저녁 늦게 끝이 났습니다. 왕은 에스더 왕비와 침소로 들어가고 하만은 자기 집으로 돌아갔습니다. 하만의 마음이 얼마나 기뻤는지 모릅니다. 오늘 초청을 받아 왕과 왕비와 함께 식탁에 앉은 것도 영광인데 내일 다시 초청을 받았다는 것을 생각하니 참을 수 없는 기쁨이었던 겁니다. 여러 잔의 술을 마셨지만 전혀 술에 취하지를 않았답니다. 너무 좋아서...

왕후 전에서 나와 궁궐을 나서는 중이었습니다. 입에서는 기쁨의 흥얼거림이 흐르고 있었습니다. 그런데 궁궐 문에 있는 수문장 모르드개가 총리인 자기가 나가는 데도 꿈쩍하지 않는 겁니다. 다른 궁궐 문지기는 엎드려 절을 하고 있는데도 말입니다. 기가 막혔습니다. 왕후 전에서 받은 기쁨에 찬물을 끼얹는 기분이었습니다. 그러나 궁궐 문에서 소란을 피웠다가는 왕과 왕후의 침소에 폐가 될까 하여 꾹 참았답니다.

"망할 놈의 자식! 네 놈이 죽으려고 환장을 했구먼. 그 뻔뻔한 목숨이 언제까지 붙어 있나 보자 이놈아. 너뿐만 아니라 네 놈의 유다인들이 한날에 거름이 될 거여!"

『이 날에 하만이 마음이 기뻐 즐거이 나오더니 모르드개가 대궐 문에 있어 일어나지도 아니하고 몸을 움직이지도 아니하는 것을 보고 심히 노하나』(에 5:9)

사람은 높아질수록
무시당한다는 것에 대하여 민감합니다.
가난했을 때, 힘이 없을 때, 학위가 없을 때는
누가 뭐라고 해도 별 감각이 없습니다.
그리고 그러려니 했지요.
그런데 언제부터인가 힘을 갖고 재물을 소유하고
다른 사람보다 다른 자리에 앉게 되면
말 한 마디에 섭섭해 합니다. 무시했다고 생각합니다.
정말 별거 아닌데도 분을 일으킨답니다.

우리 주님 예수께서는 하나님의 아들이셨음에도

무시당할 때도 분노하지 않으셨답니다.

그러려니 하셨지요.

반면에 다른 사람이 사람 대접 못 받으면 그걸 참지 못하셨답니다.

하나님이 하나님 대접 못 받으시면 그걸 참지 못하신 겁니다.

예수님께는 모든 사람이 다 중요했습니다.

무시할 사람 하나도 없으셨답니다.

어린아이건, 노인이건, 여자건 남자건, 병자이건,

천대 받는 죄인이건...

모두를 존귀하게 여기신다는 것을 알려주시기 위해

자신의 목숨을 내놓으신 거랍니다.

하만이 자기 집에 돌아왔습니다. 왕과 왕비만이 있는 만찬 자리에 초대 받은 게 너무 기뻐서 어쩔 수가 없었습니다. 늦은 밤이었지만 자신의 친구들을 자기 집으로 오라고 했답니다. 하만의 아내 세레스도 자기 남편이 왕과 왕후의 만찬에 홀로 참석했다는 소리에 가문의 미래가 탄탄대로라고 생각했는지 흥분하고 있었지요.

"이보게 친구들, 늦은 밤 불러서 미안하이. 그러나 내 자네들을 부르지 않고는 이 밤을 지낼 수가 없을 것 같아서 불렀다이. 술 한 잔 하자고 말이야. 내 조상님들 덕분에 이만한 재물을 얻어 편안한 삶을 살고 있는 것이 아닌가. 게다가 바사 제국의 총리라는 자리까지 얻어 부러울 게 없는 사람이라이. 게다가 자녀들 복까지 받아 아들 딸이 주렁주렁 있고 하니 내

지금 죽어도 여한이 없는 사람이라구. 그런데 오늘 뜻밖의 자리에 초청을 받아 다녀왔구먼. 자네들이 들으면 놀랄 거야! 무엇인지 궁금하지 않나? 하하하. 내가 오늘 왕후가 왕을 위해 마련한 특별한 잔치 자리에 초대를 받았었네. 나만 초대를 받은 거야! 그런데 더 기가 막힌 것은 내일도 왕후가 왕을 위해 만찬을 준비하시는데 나만을 꼭 데리고 오라고 하시는 게 아니겠나! 이 무슨 횡재인지 모르겠어. 자네들도 생각해 보게나 왜 수많은 신료들 가운데 유독 나만을 부르셨겠는가 하는 말이야? 어렵지 않다이. 전하께서 나를 특별히 생각하시는 것이고 그 마음을 왕후께까지 말씀 드린 것이 아니겠어. 그러니 왕후께서 나만을 부르신 것일세!"

하만의 흥분된 말을 듣는 사람들은 속이야 어떻든지 간에 부러운 눈초리였습니다.

"그런데 기분 나쁜 일이 있다이."

하만의 말에 사람들은 자못 놀랐습니다. 왕과 왕후가 마련한 잔치에 갔다 온 이야기를 신나게 하던 중 갑자기 음성을 바꾸며 기분 나쁜 일이 있다고 하니 궁금했습니다.

"무슨 일이요? 뭐가 총리 어르신을 기분 나쁘게 한 겁니까?"

"내 궁궐 수문장 모르드개라는 놈 때문에 숨을 쉴 수가 없구먼. 그 놈이 수문장 자리에 앉아 있어 내가 궁궐 문을 드나들 때마다 만나게 되는데, 자네들도 아는 것처럼 그 놈이 내게 엎드리지도 않고 절도 하지를 않는단 말이네. 오늘 저녁에도 왕비가 마련한 잔치에서 나오는데 그 놈을 만난 것 아니겠어. 그런데 그 놈이 목을 뻣뻣하게 세우고 두 눈깔을 부릅뜨고 나를 뚫어지게 쳐다보는 거야. 섬뜩하더구먼. 그 놈의 눈을 뽑아 버리든지 해야지... 아니 그 놈이 살아 있는 한 내가 숨을 쉴 수가 없어. 내가 하루 이틀 궁궐 문을 다닐 것도 아닌데 궁궐을 지날 때마다 그 놈이 신경 쓰여서 견딜 수가 없는 거야! 미치겠다구!"

"총리 어르신, 죽이십시오! 왕을 제외하고는 이 바사 제국의 최고 어르신이시지 않습니까? 어르신의 마음이 불편하시다면 나라의 정치가 제대로 되겠습니까? 그런 놈은 죽여야 합니다. 게다가 총리께 엎드려 절을 하라는 명은 왕명으로 전해진 것인데, 절을 하지 않는 놈은 왕명 거역죄로 다스려야지요. 오늘 당장 뒤뜰에다가 그 놈의 목을 매달 장대 나무를 세웁시다. 장대의 높이는 50규빗으로 하고 내일 왕을 만나시는 대로 왕명을 거역한 모르드개를 처형하겠다고 말씀하시고 재가를 받으시지요. 그래야 저녁에 있을 만찬에 가벼운 마음으로 참석하시게 될 것이 아니옵니까?"

하만의 아내 세레스와 친구들이 이구동성으로 그렇게 권했답니다. 하만은 사람들의 말을 받아들여 그날 밤 자신의 집 뒤뜰에 50규빗(약25m) 높이의 장대를 세웠습니다. 모르드개를 매달아 죽일 장대였습니다.

『이 날에 하만이 마음이 기뻐 즐거이 나오더니 모르드개가 대궐 문에 있어 일어나지도 아니하고 몸을 움직이지도 아니하는 것을 보고 심히 노하나 참고 집에 돌아와서 사람을 보내어 그 친구들과 그 아내 세레스를 청하여 자기의 부성한 영광과 자녀가 많은 것과 왕이 자기를 들어 왕의 모든 방백이나 신복들보다 높인 것을 다 말하고 또 가로되 왕후 에스더가 그 베푼 잔치에 왕과 함께 오기를 허락받은 자는 나밖에 없었고 내일도 왕과 함께 청함을 받았느니라 그러나 유다 사람 모르드개가 대궐 문에 앉은 것을 보는 동안에는 이 모든 일이 만족하지 아니하도다 그 아내 세레스와 모든 친구가 이르되 오십 규빗이나 높은 나무를 세우고 내일 왕에게 모르드개를 그 나무에 달기를 구하고 왕과 함께 즐거이 잔치에 나아가소서 하만이 그 말을 선히 여기고 명하여 나무를 세우니라』(에 5:9-14)

인생은 자신의 미래를 모른다는 겁니다.
그렇기에 함부로 살고 있는가 봅니다.
그렇기에 교만한가 봅니다.
그렇기에 악을 도모하는가 봅니다.
내일은 주님만이 아시는 것,
그렇기에 겸손해야 하는 것이고
오늘을 성실하고도 최선을 다해 살아야 하는 것이지요.
선하게 살아야 하는 것이구요.

주님께서 말씀 하셨습니다.
내일 일을 염려하지 말라고.
사람들이 나를 죽이기 위해

장대를 세우는 일 하고 있음을 안다 하더라도
염려하지 마세요.
주님이 역사를 움직이시는 것이니까요.
우린 주님의 마음에 꼭 드는 '지금'을 살고 있으면 되는 거랍니다.
『너는 내일 일을 자랑하지 말라 하루 동안에 무슨 일이 날는지
네가 알 수 없음이니라』(잠 27:1)
모르드개를 죽이려고 하는 하만이 들었으면 좋을 말씀입니다.
정말 모릅니다.
죽이려 했던 사람을 왕처럼 모시는 신세가 될 줄
누가 알았겠습니까?

하만의 말에서 찾을 수 없는 말이 있습니다.
감사입니다.
엄청난 부, 최고의 권세, 자녀의 많음,
특별한 사람으로 초대 받음...
그런데 감사가 없습니다.
하나님을 모르는 사람이기 때문입니다.
반면에 한심한 말이 들립니다.
불평입니다.
"만족하지 아니하도다"(:13하)
그렇게 가졌어도 그 만큼 누리면서도
만족하지 않답니다.
하나님을 모르는 사람이기 때문입니다.

⑩ 에 6:1-3

왕의 불면(不眠)

하만이 자기 집 뒤뜰에 모르드개를 매달 나무를 세우고 있는 시간에, 왕궁에서는 왕비 에스더와 사랑을 나눈 아하수에로 왕이 잠을 설치고 있었습니다. 왕비가 고마웠고, 바쁘고 쫓기는 생활 중에 오랜 만에 누리는 안식이었기 때문인지 행복에 젖어 잠을 이루질 못한 겁니다. 옆에서 자고 있는 왕비의 모습을 바라보자니 그 얼굴에도 행복이 있음을 알 수가 있었습니다. 어린 왕비였지만 어머니 같았고 사랑스러웠답니다. 에스더는 피곤했는지 왕이 잠을 이루지 못하는 것도 모르고 새근새근 깊이 잠들어 있었답니다. 아하수에로 왕은 고마운 에스더 왕비의 머리를 만져주고는 이내 일어나 옷을 입고 왕후의 방을 나왔습니다. 곤하게 자는 왕비의 잠을 방해하고 싶지 않았기 때문입니다.

자신의 침소에 누웠으나 여전히 잠이 오질 않았습니다. 그래서 왕은 불침번을 서고 있는 내시를 불러 자신의 통치 중에 어떤 일이 일어났는지를 기록하는 궁중 일기를 가지고 오라고 했지요. 사관(史官)들이 기록한 것이었습니다.

내시는 왕의 명에 따라 궁중 일기를 가져왔고, 왕은 궁중 일기 읽는 소리를 들으면서 잠을 청하려고 했답니다.

"이보게나, 그걸 읽다가 내가 잠이 들은 것 같으면 그만하고 자네도 나가게나. 내 잠이 오질 않아서 읽으라는 것이니 수고 좀 하게."

"예, 전하 여부가 있겠나이까. 소인이 전하께서 잠이 드실 때까지 궁중 일기를 읽겠나이다."

내시는 천천히 그간의 일기들을 읽어 갔습니다. 잠을 청하기 위해서 읽으라고 했으나 들어보니 여러 가지 일들이 궁중에서 일어난 것이 생각났고, 또 모르는 일들도 그 궁중 일기를 통해서 알게 되었답니다.

그런데...

에스더가 왕비로 간택되었고...
궁궐 문지기 모르드개가 궁궐 수문장으로 임명을 받았으며...
신임 총리로 하만이 임명을 받았으며...
왕을 암살하려는 일에 대하여는...

수문장이었던 모르드개가 공을 세웠으며…

"뭐라 했느냐? 지금 읽은 내용을 다시 상세하게 읽어 보아라."

아하수에로 왕은 자신을 암살하려던 계획이 미수로 그친 일에 대하여 다시 읽으라고 했습니다.

왕의 내시 빅단과 데레스가 왕의 인사 정책에 불만을 품어 왕을 암살하려고 오랫동안 계획을 하고 시행하려던 바 수문장 모르드개가 이를 알아채고 왕비께 고하였으며, 왕비께서는 전하에게 고하여 왕께서는 암살자들 몰래 침소를 피해 계셨도다. 빅단과 데레스는 왕께서 피하신 것을 모르고 왕을 암살하기 위하여 왕의 침소로 침투 하였으나 이미 잠복해 있던 왕 근위병들에게 현장에서 체포되어 사형을 받았도다.

"그런 일이 있었지. 그래 나를 암살하려는 계획이 있었어… 그 일을 모르드개라는 수문장이 알려 주어서 피하게 되었다고 했느냐?"

아하수에로 왕은 그 때의 일을 소상하게 묻고 있었습니다.

"그 일이 언제 있었던고?"

"예, 전하. 전하 암살 사건은 12년 전 에스더 왕비께서 왕궁에 들어오시던 그 해이옵니다."

"그렇다면 짐을 죽이려는 일을 고한 모르드개에겐 어떤 상급을 내렸는고?"

"아무런 상급을 내리지 않았나이다."

"……"

『이 밤에 왕이 잠이 오지 아니하므로 명하여 역대 일기를 가져다가 자기 앞에서 읽히더니 그 속에 기록하기를 문 지킨 왕의 두 내시 빅다나와 데레스가 아하수에로 왕을 모살하려 하는 것을 모르드개가 고발하였다 하였는지라 왕이 가로되 이 일을 인하여 무슨 존귀와 관작을 모르드개에게 베풀었느냐 시신이 대답하되 아무 것도 베풀지 아니 하였나이다』(에 6:1-3)

하만은 모르드개를 죽이기 위해 왕의 마음을 움직였었습니다.
하나님은 하만의 계획을 무산시키기 위해
왕의 마음을 움직이시는 겁니다.
사람이 사람의 마음을 움직일 때는
빈틈도 많고 후유증도 많습니다만
하나님이 사람의 마음을 움직일 때는 후회할 것이 없는 겁니다.
하만이 모르드개를 죽이기 위해 장대를 세우고 있을 때
하나님은 모르드개를 살리기 위해 일하고 계셨던 것이지요.
사탄은 하나님의 백성을 죽이기 위해 온갖 방법을 다 구상하지만
하나님은 당신의 백성을 살리기 위해
아들까지 내어놓으신 거랍니다.
오늘도 우리를 사탄이 쳐 놓은 그물에서 건지시기 위해
눈동자와 같이 지키시고 계시는
하나님을 바라보며 살아야겠지요.

⓫ 에 6:4-14

시작되는 역전

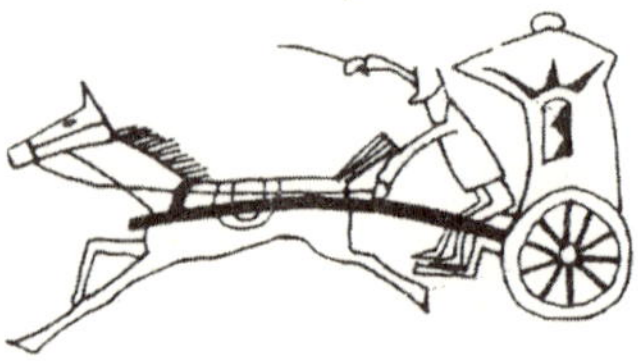

왕이 모르드개의 기록을 들은 시간은 새벽녘이었습니다. 밤새 잠을 이루지 못한 겁니다. 아니 지난날들의 궁중 역사 기록을 듣는 것도 재미가 있었고, 자신을 암살하려다가 실패한 아슬아슬한 이야기를 듣는 것도 흥미로웠습니다. 더욱이 모르드개가 자신의 목숨을 살렸다는 이야기와 함께 그에게 아무런 상급도 베풀지를 못했다는 것에 대해서 무척이나 미안했던 겁니다.

"밖에 누가 있느냐?"

아하수에로 왕은 시종이나 내시가 일찍 나와 있기를 바라는 마음에서 사람을 찾은 거였습니다. 그런데 뜻밖의 사람이 대답을 했습니다. 총리 하만이었습니다. 하만도 놀랐습니다. 자신은 밤새껏 자기 집 뒤뜰에 모르드개를 달기 위하여 장대를 세우고 이른 아침 왕이 기침하자마자 모르드개를 장대에 매달겠다는 허락을 받으러 온 것인데, 왕이 누군가를 찾은 것 때문이었지요. 하만은 아주 자연스럽게 왕을 만나게 된 것을 신이 내린 행운으로 생각했답니다.

사람을 찾는 왕의 목소리를 들은 하만은 내시에게 자기가 있다고 고하라 했지요.

"전하, 하만 총리가 뜰에 있나이다."

"그래, 그것 정말 잘되었구나. 어서 드시게 하라."

"어서 오시오 하만 총리, 어인 일로 이 이른 아침에 입궁을 하셨는지는 모르겠소만 내 총리께 급히 상의할 일이 있소이다. 이 일에 대하여 총리께서 진솔하게 대답해 주신다면 내 총리께서 대답하시는 대로 시행하리이다."

하만은 왕이 무슨 말을 하려고 하는지는 몰라도 자신을 이토록 신뢰해 준다는 것에 대하여 기분이 좋았습니다. 왕의 말을 듣고 최선의 대답을 한 후 모르드개 이야기를 꺼내 왕의 허가를 받으면 되겠구나 하는 생각을 했답니다.

"전하, 무엇이든지 말씀 하시옵소서. 신(臣)은 전하의 신하가 아니옵니까? 전하께서 무슨 말씀을 하시든지 간에 신(臣), 최선을 대하여 답을 드리겠나이다."

"총리, 짐이 존귀하게 여기는 사람이 있소이다. 뿐만 아니라 그를 생각하면 고맙고 기쁘기도 하다오. 짐의 마음에 그런 사람이 있다면 이를 어찌해야 하는 것이요? 내 무엇을 어떻게 해야 할지를 몰라서 총리께 묻는 것이요."

하만은 왕의 말을 듣고는 깜짝 놀랐습니다. 자신에 대한 왕의 마음을 들었다고 생각했기 때문이지요. 정말 하만은 왕이 말하는 사람이 자신이라고 확신 했답니다.

"전하, 전하께서 존귀히 여기시려 한다면 그건 어려운 게 아니나이다. 전하께서 입으시는 왕복을 입히시옵소서. 전하께서만 타시는 말에 태우시는 겁니다. 또한 전하께서 쓰시는 면류관을 그의 머리에 씌우시는 겁니다. 그리고 왕복을 입히되 전하께서 생각하시기에 가장 지체가 높은 사람으로 하여금 입히게 하시고 그 사람이 탄 왕의 말을 끌게 하면서 성의 구석 구석을 다니게 하소서. 또한 말의 고삐를 잡은 사람으로 하여금 큰 소리로 '왕이 존귀케 하기를 기뻐하시는 사람에게는 이같이 할 것이니라'라고 반포하게 하소서."

"하만 총리, 그 정도면 되겠소? 정말 이 나라에서 가장 지체 높은 자로 하여금 그 사람을 시중들고 또 말을 끌면서 성을 다니게 하면 되겠느냐는 말이요?"

"암요. 그 정도는 하셔야 전하께 충성하는 자에 대한 부러움을 살 것이 아니겠나이까?"

『왕이 가로되 누가 뜰에 있느냐 마침 하만이 자기가 세운 나무에 모르드개 달기를 왕께 구하고자 하여 왕궁 바깥뜰에 이른지라 시신이 고하되 하만이 뜰에 섰나이다 왕이 가로되 들어오게 하라 하니 하만이 들어오거늘 왕이 묻되 왕이 존귀케 하기를 기뻐하는 사람에게 어떻게 하여야 하겠느뇨 하만이 심중에 이르되 왕이 존귀케 하기를 기뻐하시는 자는 나 외에 누구리요 하고 왕께 아뢰되 왕께서 사람을 존귀케 하시려면 왕의 입으시는 왕복과 왕의 타시는 말과 머리에 쓰시는 왕관을 취하고 그 왕복과 말을 왕의 방백 중 가장 존귀한 자의 손에 붙여서 왕이 존귀케 하시기를 기뻐하시는 사람에게 옷을 입히고 말을 태워서 성중 거리로 다니며 그 앞에서 반포하여 이르기를 왕이 존귀케 하기를 기뻐하시는 사람에게는 이같이 할 것이라 하게 하소서』(에 6:4-9)

교만은 자기를 과대평가 합니다.
자기의 생각이 가장 깊고 넓다고 착각합니다.
자신의 말이 가장 논리적이라고 착각하지요.
자신의 행동이 가장 정확하고 실수가 없다고 착각한답니다.
자신의 능력으로 모든 사람을 설득할 수 있다고 생각하고 있지요.
자신은 모든 사람에게 인정을 받고 있다고,
아니 전부는 아니라 하더라도 대부분은
자신을 지지한다고 믿는 답니다.
교만은 하나님이 자기만을 사랑하고

자기만을 통해서 일을 하신다고 착각하게 한답니다.
교만은 사람도 하나님도 치료할 수 없는 병이랍니다.
교만은 패망의 선봉이랍니다.

성도는 자기를 대단한 존재라고 생각하지 않습니다.
은혜로 사는 사람이라고 생각하며 하나님을 높인답니다.
성도는 자신이 아니면 안 된다고 하지 않습니다.
자신이 물러서고 성령께서 일하셔야 된다고 생각한답니다.
성도는 대접받는 일에 민감하지 않습니다.
누군가를 세워주는 일에 마음을 둔답니다.

"이보시오 하만 총리, 내 약속대로 총리께서 말씀하시는 대로 할 것이외다. 지금 당장 총리께서는 짐의 왕복과 짐의 말을 준비하여 궁궐 수문장인 유다 사람 모르드개를 찾아가 그에게 왕복을 입히고 그를 짐의 말에 태우시오. 또한 짐의 면류관을 그에게 씌우시고 총리께서 짐에게 말한 것에 하나도 빠짐이 없이 행하시길 바라오. 총리께서는 이 제국에서 짐을 제외하고는 가장 높은 벼슬에 계신 분이지 않소."

왕의 말을 들은 하만은 하늘이 무너지는 것 같았습니다. 왕이 존귀히 여기는 사람이 자기인 줄 알고 있었는데 자신이 아닌 것은 그렇다손 치더라도 자신이 죽이려고 하는 모르드개가 그 사람이라는 말에 혼이 나가는 것 같았습니다. 하만의 얼굴이 하얗게 변하고 있었습니다. 다리는 떨렸고 입은 바싹 말랐답니다. 이 상황을 어떻게 해야 할지를 몰랐지요.

왕실을 빠져 나온 하만은 떨리는 몸으로 왕의 명을 수행해야 했습니다. 그러나 자신의 두 발로는 서 있기도 어려웠답니다. 그렇다고 왕의 지엄한 명을 수행하는 일을 지연할 수 있는 것도 아니었답니다.

모르드개 앞이었습니다. 모르드개에게 예의를 표하면서 왕복을 입히는 겁니다. 왕관을 씌웠습니다. 그리고 왕의 말에 태웠답니다. 그리고는 말의 고삐를 잡고 수산 성을 돌기 시작했습니다. 또한 소리를 질러야 했지요.

"왕이 존귀케 하시기를 기뻐하시는 사람에게는 이같이 할 것이니라"

『이에 왕이 하만에게 이르되 너는 네 말대로 속히 왕복과 말을 취하여 대궐 문에 앉은 유다 사람 모르드개에게 행하되 무릇 네가 말한 것에서 조금도 빠짐이 없이 하라 하만이 왕복과 말을 취하여 모르드개에게 옷을 입히고 말을 태워 성중 거리로 다니며 그 앞에서 반포하되 왕이 존귀케 하시기를 기뻐하시는 사람에게는 이같이 할 것이라 하니라』(에 6:10-11)

인생에는 승패가 있습니다.
어느 경우에는 억울한 판정도 있긴 합니다.
그러나 하나님의 사람은 반드시 승리한답니다.
그걸 역전이라고 하지요.
하나님의 자녀에겐 이 땅에서가 아니라면
저 세상에서라도 반드시 역전의 승리가 있는 거랍니다.
그건 하나님이 개입하시기 때문이지요.

하루 종일이었습니다. 모르드개가 하만의 시중을 받으며 왕 대접을 받는 시간들이 말입니다. 저녁이나 되어서 그 일이 끝난 거지요. 모르드개는 기쁘기도 하였습니다만 담담했습니다. 그러나 하만에게는 견딜 수 없는 수치였습니다. 집으로 돌아간 하만은 골이 빠개지는 것 같았습니다. 머리를 싸매고 자기 방으로 들어갔습니다. 하인들에게, 자녀들에게 그리고 아내에게도 부끄러워서 견딜 수가 없었습니다. 죽고 싶었답니다.

"여보, 모르드개가 유다인이라면 이제 문제가 심각해지겠군요. 앞으로는 조심해야 할 겁니다. 당신이 그 놈 앞에서 개망신을 당했으니 이게 시작일지도 모르겠구려. 잘못하면 당신은 그 놈을 이기지 못하고 분명 망하게 될 거요. 그러니 행동 조심하세요."

하만의 아내인 세레스가 하는 말이었습니다.

"총리 어른, 궁에서 사람이 왔습니다."

하만과 그의 아내는 궁에서 사람이 왔다는 말에 심장이 멎는 것 같았습니다. 그러나 나가 보지 않을 수 없는 터라 문을 열고 나가 맞이했지요.

"총리 어르신, 왕후께서 베푸신 만찬 자리에 모시고 가기 위해서 왔나이다. 총리께서 오늘 일로 왕후 전에서 마련한 만찬을 잊으셨을까 하여 왕후마마께서 친히 저를 보내셨나이다. 왕후께서 보내신 마차를 타시고 입궁

하시옵소서."

정말 그랬습니다. 모르드개를 왕의 말에 태우고 온종일 성을 도는 동안 창피함으로 모든 것을 잊고 있었던 겁니다. 왕비가 보낸 사람이 아니라면 왕후 전에서 준비한 만찬에도 참석하지 못할 뻔 했지요. 정말 큰일 날 뻔 했던 겁니다. 하만은 허겁지겁 옷을 입고 왕비가 보낸 마차에 올라타고 왕궁으로 향했답니다. 왕비 전으로 가고 있는 하만을 보는 식구들은 불길한 마음이었답니다. 하만도 그랬구요...

『모르드개는 다시 대궐 문으로 돌아오고 하만은 번뇌하여 머리를 싸고 급히 집으로 돌아와서 자기의 당한 모든 일을 그 아내 세레스와 모든 친구에게 고하매 그 중 지혜로운 자와 그 아내 세레스가 가로되 모르드개가 과연 유다 족속이면 당신이 그 앞에서 굴욕을 당하기 시작하였으니 능히 저를 이기지 못하고 분명히 그 앞에 엎드러지리이다 아직 말이 그치지 아니하여서 왕의 내시들이 이르러 하만을 데리고 에스더의 베푼 잔치에 빨리 나아가니라』(에 6:12-14)

왕복을 입고 왕의 말을 타고 왕의 면류관을 쓰고
원수 같은 총리의 시중을 받으며
수산 성의 구석구석을 다니는 영광을 얻은 모르드개입니다만
그 일을 마치고 자기 곳으로 돌아왔음에도 불구하고
별다른 감정이 기록되어 있지 않습니다.
그런데 하만은 머리를 싸고 있다고 기록하고 있네요.

하나님의 사람은 그런 것이 중요한 것이 아니거든요.

그러나 세상 사람에게는 그것이 전부거든요.
그래서 모르드개의 반응은 없는 것이고
하만의 반응은 자세히 기록된 거랍니다.
성도에게 중요한 것은 정의와 공의가 흐르고 있느냐 하는 것입니다.
하나님께서 영광을 받으시고 기뻐하시느냐 하는 것이랍니다.

하만이 이상(?)합니다.
왕이 자신의 말을 듣되 한 마디 거부도 없이 들었고
자신이 한 말을 그리도 좋아했건만
왜 그리 고통스러워하고 있는지요.
왕이 자신의 말을 잘 따르는데도
기분 나쁜 사람이 있나보죠?

⑫ 에 7:1–10

꼬이는 사건들

왕후 전에서는 음악이 흐르고 있었습니다.

하만이 도착했을 때는 아하수에로 왕이 아직 도착하지 않았답니다. 왕후가 준비한 만찬에 단독으로 초대를 받았지만 모르드개를 왕처럼 모시고 다니면서 받은 치욕으로 인해 마음이 무거웠답니다. 표정 관리를 잘 하려고 무척 애를 썼지만 그게 잘 될지를 걱정하고 있었지요. 몸에서는 식은땀이 계속 흐르고 있었답니다.

아하수에로 왕의 마차가 도착했습니다. 신하들이 왕을 맞이할 때 하만도 나가 왕을 맞이했습니다. 반가운 목소리로 왕을 맞이하려고 최선의 노력을 했지요.

"하만 총리께서 와 계시는구려. 그래 오늘 모르드개를 데리고 성을 도시느라 얼마나 고생이 많으셨소. 총리께서 직접 짐이 존귀히 여기는 사람을 데리고 다녔으니 온 백성이 부러워했을 거라는 생각이요. 하여간 짐은 총리께서 하라는 대로 했으니 짐은 총리께 절대 순종을 한 것이나 다름없소이다. 하하."

하만은 기가 막혔습니다. 식은땀이 흐르고 있었지만 내색도 할 수 없었답니다.

"전하, 전하의 뜻을 따라 신(臣)은 복종하였을 뿐이옵니다. 칭찬을 하시오니 몸둘 바를 모르겠나이다."

왕비 에스더가 왕과 하만을 맞이했습니다. 정말 아름다웠답니다. 아하수에로 왕은 마음이 기뻤지요. 잔치의 만찬도 어제와는 또 달랐습니다. 왕의 마음에 기쁨은 물론 에스더 왕비에 대한 사랑이 더욱 커지고 있었답니다.

"전하, 소첩이 따르는 잔을 받으셔야지요."

얇은 손으로 왕께 술을 따르는 에스더의 모습에 아하수에로 왕의 가슴은 불이 타고 있었습니다. 이리도 아름다운 여인이 자신의 왕비라는 것이 감격스러웠답니다.

"왕후께 짐이 어제 드린 숙제가 있지 않았소. 왕후의 소원을 말하라는 것 말이요."

에스더는 왕의 말을 들으면서 아무 말 없이 조용히 미소를 지었답니다.

"왕후께서는 짐의 마음을 태우는 기술이 있으시구려. 왕후의 미소가 짐으로 하여금 더욱 큰 선물을 주고 싶게 하니 말이요. 이제 그만 속을 태우시고 무엇이든지 말해 보시오. 짐이 어제와 오늘 왕후께 받은 대접에 보답을 해야겠소이다. 짐이 나라의 절반이라도 드리겠다고 약속하지 않았소. 여기 계신 총리께서도 짐의 말에 증인이지 않소. 그러니 말씀해 보시구려. 그래야 술맛이 제대로 날 것 같소이다."

"전하, 소첩은 전하의 은혜 아래 사는 것뿐이옵니다. 허나 전하께서 소첩에게 소원을 말하라 하시고 들어 주신다 하셨사오니 소첩의 소원을 말씀 드리겠나이다."

아하수에로 왕은 물론이고 하만도 긴장을 했습니다.

"전하, 전하의 은혜를 받고 사는 소첩에게 다른 소원이 무엇이 있겠나이까? 그러나 소첩으로 하여금 가슴을 태우고 잠을 이루지 못하게 하는 소원이 있사옵나이다. 전하, 소첩의 생명을 구하여 주시옵소서! 소첩이 죽임을 당하게 되었나이다. 또한 소첩의 민족을 구하여 주시옵소서."

왕후의 말에는 심상치 않은 분위기가 흐르고 있었습니다.

"소첩은 물론 소첩의 민족이 팔려서 죽임을 당하고 학살을 당하며 진멸될 것이 온 제국에 조서로 내려진 터라, 얼마 후면 조서대로 소첩과 소첩의 민족이 학살되고 죽임을 당할 것이나이다. 만일 소첩의 민족이 노비로 팔린다면 그래도 생명은 구할 수 있기에 전하에게 이런 청을 하지 않을 것이며 전하의 마음에 걱정을 드리지도 않을 것이옵니다. 전하, 소첩의 목숨과 소첩의 민족을 살려 주시옵소서."

에스더 왕비의 간절한 애원이었습니다. 눈물을 흘리며 엎드려 애원하는 모습이 가련하였답니다.

"왕후여, 누가 감히 왕후를 죽인단 말이요? 누가 왕후의 민족을 학살하고 죽이려고 계획했단 말이요? 그런 무도한 놈이 어디 있는지 말하시오."

"전하, 소첩의 생명을 죽여 빼앗으려 하는 원수는 여기 전하 앞에 앉아 있는 하만이니이다!"

왕비의 입에서 하만이라는 말이 나오자 왕은 천천히 고개를 들어 앞에 있는 하만을 바라보았습니다. 왕의 눈에는 살벌함이 깃들여 있었답니다.

하만 역시 아무런 말도 할 수가 없었습니다. 너무도 갑작스럽게 벌어진 일이기에 무슨 말을 어떻게 해야 할지 가늠할 수가 없었던 겁니다.

『왕이 하만과 함께 또 왕후 에스더의 잔치에 나아가니라 왕이 이 둘째 날 잔치에 술을 마실 때에 다시 에스더에게 물어 가로되 왕후 에스더여 그대의 소청이 무엇이뇨 곧 허락하겠노라 그대의 요구가 무엇이뇨 곧 나라의 절반이라 할지라도 시행하겠노라 왕후 에스더가 대답하여 가로되 왕이여 내가 만일 왕의 목전에서 은혜를 입었으며 왕이 선히 여기시거든 내 소청대로 내 생명을 내게 주시고 내 요구대로 내 민족을 내게 주소서 나와 내 민족이 팔려서 죽임과 도륙함과 진멸함을 당하게 되었나이다 만일 우리가 노비로 팔렸더면 내가 잠잠하였으리이다 그래도 대적이 왕의 손해를 보충하지 못하였으리이다 아하수에로 왕이 왕후 에스더에게 일러 가로되 감히 이런 일을 심중에 품은 자가 누구며 그가 어디 있느뇨 에스더가 가로되 대적과 원수는 이 악한 하만이니이다 하니 하만이 왕과 왕후 앞에서 두려워하거늘』(에 7:1–6)

아하수에로 왕이 잔치 자리에서 일어났습니다. 아무 말 없이 그 자리를 뜬 겁니다. 에스더는 엎드려 울고 있었고, 하만은 왕이 자리를 박차고 일어나자 심장이 멎는 것 같았습니다. 하만은 나가는 왕과 엎드려 있는 왕비를 번갈아 바라보면서 소리 질렀습니다.

"전하, 뭔가 오해이십니다. 왕비마마, 뭔가를 잘못 아셨습니다. 이건 오해입니다. 음모입니다. 신이 어찌 왕비마마를 시해하려 하겠나이까?"

하만은 허둥대면서 변명을 하고 있었답니다.

아하수에로 왕은 하만의 말을 듣지도 않고 왕후 전(殿) 후원으로 갔습니다. 찬바람이 불어오는 걸 맞으며 바로 전에 일어난 일에 대하여 생각을 정리하고 있었던 겁니다. 반면에 하만은 왕후에게 빌어야 한다는 생각으로 왕후 앞에 무릎을 꿇고 살려달라고 애원을 하고 있었지요. 왕후가 아니면 자신의 생명은 오늘 밤으로 끝이라는 걸 알고 있었던 겁니다.

왕후가 자신의 의자를 의지하고 눈물을 흘리고 있을 때, 하만은 무릎을 꿇고 왕비 앞으로 갔습니다. 왕후에게 생명을 구해 달라고 해야만 하기 때문이었습니다. 하만이 아무리 빌어도 에스더 왕비는 꿈쩍도 하지 않고 고개를 돌리고 있는 겁니다. 하만은 왕비의 얼굴을 보고 애원을 해야겠다고 생각했습니다. 그리고 왕비만이 앉는 의자에 몸을 기대어 엎드린 모습을 한 겁니다. 다른 이유는 없었습니다. 숙여진 왕비의 얼굴을 보고 애원을 하려고 한 자세였습니다. 하만은 왕비의 얼굴을 보기 위해 왕비 걸상에 엎드려 왕비와 몸을 가까이 하고 있었던 겁니다.

후원에 있던 아하수에로 왕이 다시 만찬 자리로 돌아왔습니다. 그런데 더 끔찍한 모습이 눈에 들어온 겁니다. 왕비는 통곡을 하고 있는데, 하만은 왕비를 끌어안는 듯한 이상한 자세를 하고 있는 겁니다. 물론 고개를 돌리고 있는 왕비는 하만의 접촉을 피하려는 모습이었구요.

"네 이놈, 하만! 네 놈이 정신이 나갔구나. 이 자리가 어딘데 네 놈이 왕후를 강간까지 하려 하는고!"

아하수에로 왕의 목소리는 하늘을 찢고 있었습니다. 왕후 전의 모든 신료들이 왕의 소리를 들었습니다. 그러더니 왕을 호위하는 군사 몇 명이 들어와 두려움에 떨고 있는 하만의 얼굴을 천으로 에워싸고 밖으로 끌고 나갔답니다.

아하수에로 왕은 엎드려 울고 있는 에스더 왕비에게로 가까이 다가가 어깨를 잡아 자신의 품에 안으며 위로의 말을 했습니다. 왕의 말은 따뜻했습니다.

"왕후여, 내 그대의 소청을 들어 준다고 약조하지 않았소. 이 나라의 절반을 요구하더라도 왕후의 요청을 들어 준다 했는데 무엇이 걱정이요. 이젠 걱정하지 마시오. 내 왕후를 지켜 드리리이다. 왕후뿐만이 아니라 이리도 아름답고 착한 왕후를 배출한 유다인을 구원하리이다. 그러니 울지 말고 평안하시오. 왕후 곁엔 짐이 있잖소."

내시 하르보나가 왕에게 말을 하였습니다.

"전하, 신(臣) 하르보나이나이다."

"말하거라."

"전하, 전하를 능욕하고 왕후마마를 시해하려 한 하만이 전하의 충성된 신하 모르드개를 죽이려고 자기 집 뒤뜰에 장대를 세워놓았나이다. 그 높이가 50규빗이나 되는 줄 아옵니다."

"그 놈을 그 장대에 매달아 왕을 능멸한 자의 최후가 어떻게 되는지를 온 백성에게 알게 하고 애매히 음모를 꾸며 백성을 죽이려고 한 죄인이 어떤 벌을 받는지를 만백성에게 알게 하라."

『왕이 노하여 일어나서 잔치 자리를 떠나 왕궁 후원으로 들어가니라 하만이 일어서서 왕후 에스더에게 생명을 구하니 이는 왕이 자기에게 화를 내리기로 결심한 줄 앎이더라 왕이 후원으로부터 잔치 자리에 돌아오니 하만이 에스더의 앉은 걸상 위에 엎드렸거늘 왕이 가로되 저가 궁중 내 앞에서 왕후를 강간까지 하고자 하는가 이 말이 왕의 입에서 나오매 무리가 하만의 얼굴을 싸더라 왕을 모신 내시 중에 하르보나가 왕에게 아뢰되 왕을 위하여 충성된 말로 고발한 모르드개를 달고자 하여 하만이 고가 오십 규빗 되는 나무를 준비하였는데 이제 그 나무가 하만의 집에 섰나이다 왕이 가로되 하만을 그 나무에 달라 하매 모르드개를 달고자 한 나무에 하만을 다니 왕의 노가 그치니라』(에 7:7-10)

내시 하르보나는 알고 있었습니다.
하만이 나쁜 짓을 하고 있음을.
단지 모르는 척하고 있을 뿐이었던 겁니다.
음모도 알고 있었던 겁니다.
음모 꾸미지 마세요.
자신은 똑똑한 척하면서 마치 음모가 아닌 것처럼 만들려고 하지만
사람들은 바보가 아니랍니다.
음모를 꾸미는 걸 알고 있답니다.
음모는 악입니다.
계획적인 죄랍니다.
음모의 죄를 짓는 사람은 회개도 하지 않아요.
발각되면 또 거짓말을 한답니다.
음모의 모든 것은 거짓말이기 때문입니다.

⑬ 에 8:1-8

눈물이 필요합니다

"짐이 듣자니 하만의 재산이 짐보다도 더 많다는 소문을 들었는데 그것이 사실이냐?"

에스더 왕비를 달래던 아하수에로 왕이 내시에게 물었습니다.

"예, 전하. 하만의 부정축재는 이미 하늘을 찌르고 있었고 그로 인한 재산은 가히 셀 수가 없나이다."

"그 놈이 가지고 있는 집과 모든 재산을 왕후에게 드리도록 하라."

"예, 그리하겠나이다. 그러하옵고 아뢰옵는 것은 전하를 암살하려는 음모와 계획을 막은 모르드개 수문장에 관한 것이옵니다. 그는 전하께 목숨을 바쳐 충성을 다했을 뿐만 아니라 제국을 위해서도 밤과 낮을 가리지 않고 일을 하는 자이니이다. 그가 하만의 미움을 받아 죽임을 당할 뻔 하였으나 실은 그만한 충신이 없나이다. 그러하온데 그 모르드개는 왕후마마께서 어렸을 때부터 양육하여 온 자이며 왕후께는 사촌 오라비가 되지만 아비와도 같은 자이인 줄 아니이다."

"그래?"

아하수에로 왕은 처음 듣는 소리였습니다.

"왕후, 그게 사실이요? 그렇다면 모르드개를 저렇게 둘 수는 없지 않소. 그가 명석하고 제국에 충성할 뿐만 아니라 짐의 생명을 살려 준 은인이 아니요. 그러니 짐이 모르드개에게 관직을 내리리이다. 아니 그것이 마땅하고 또 짐의 생명을 구해준 사람에 대한 도리가 아니겠소. 여봐라, 수문장 모르드개를 들게 하라."

에스더는 왕의 말 한마디 한마디를 들으며 감격을 하고 있었습니다. 게다가 모르드개의 공을 왕이 인정해 준다는 말에 고마웠습니다.

수문장 모르드개가 아하수에로 왕 앞으로 불려왔습니다. 고개를 들지 못하고 엎드려 왕 앞에 있었지요. 에스더 왕비도 그의 모습을 보고 있었습니다.

"신(臣) 수문장 모르드개, 전하의 부름을 받들어 왔나이다."

“그대가 모르드개인가? 짐이 그대의 충성스러움에 대하여 들었느니라. 짐을 죽이기 위해 작당을 꾸민 자들을 고발하여 짐으로 하여금 죽지 않게 한 장본인이라고 들었도다. 허나 아무런 상도 받지 못하고 여전히 하직(下職)에 있었구나. 짐이 살피지 못함이로다. 게다가 이 나라의 국모(國母)인 왕후를 어려서부터 아비처럼 양육을 한 자가 아니냐? 그런 자를 수문장으로 둘 수는 없느니라. 또한 그대의 총명함과 짐에 대한 충성이 남다름을 인정하여 관직을 내리노니 역적 하만의 직책이었던 제국의 총리직을 맡아 짐을 보필하도록 하라. 이제 곧 하만이 가지고 있던 짐의 인장을 주노니 이 인장을 가지고 짐을 대신하여 백성들의 안위를 살필 것이며 제국의 발전을 위하여 성심을 다하기를 명하노라.”

“전하, 승은(承恩)이 망극하옵니다.”

『당일에 아하수에로 왕이 유다인의 대적 하만의 집을 왕후 에스더에게 주니라 에스더가 모르드개는 자기에게 어떻게 관계됨을 왕께 고한 고로 모르드개가 왕의 앞에 나아오니 왕이 하만에게 거둔 반지를 빼어 모르드개에게 준지라 에스더가 모르드개로 하만의 집을 주관하게 하니라』(에 8:1-2)

잠언 13장 22절에 묘한 말씀(?)이 있습니다.
『죄인의 재물은 의인을 위하여 쌓이느니라』
시편 39편 6절에도 비슷한 말씀이 있답니다.
『재물을 쌓으나 누가 취할는지 알지 못하나이다』
자신의 평생은 물론 가문이 대대로 먹고 살 수 있는
재물을 모았습니다만

그 재물이 하루아침에 다른 사람에게 넘어간다는 겁니다.
하만의 신세입니다.
자신의 배만 채우려고 하는 사람에 대한 경고입니다.
하나님을 기쁘게 하려는 데 온 관심을 두는 사람은
하나님의 방법으로 인해 말할 수 없는 풍성함을 누린다는 말이지요.
그렇기에 무엇을 먹을까 무엇을 마실까 무엇을 입을까 하는 것에
마음 빼앗기지 마세요.
그런 것이 필요한 것을 아시는 주님께 마음을 드리세요.

에스더 왕비가 아하수에로 왕 앞에 엎드려 입을 열었습니다. 왕이 에스더를 기쁘게 해 주기 위하여 재산도 주고 또 모르드개에게 하만의 자리였던 총리직을 주었는데도 에스더에겐 더 급한 것이 있었기 때문입니다.

"전하, 소첩의 소원을 들어 주소서. 아각 사람 하만이 소첩과 소첩의 민족을 학살하고 모두 죽일 악한 꾀를 만들었나이다. 하만이 만든 그 음모가 전하의 조서로 되어 있기에 얼마 후면 소첩은 물론이고 온 제국에 있는 유다인이 다 죽임을 당하게 되어 있나이다. 하오니 이 학살의 조서를 제하여 주시길 구하나이다."

왕비의 말을 듣고 있던 아하수에로 왕이 자신의 발아래 엎드려 울고 있는 왕비 에스더에게 금홀을 내어밀었습니다. 일어나라는 왕의 마음이었습니다. 에스더는 왕이 내어민 금홀을 보고 일어나 왕 앞에 가까이 섰답니다. 아름답고 예쁜 얼굴이었으나 온통 눈물로 범벅이 되어 있는 겁니다. 아

하수에로 왕이 보기에 측은해 보였답니다. 왕의 마음이 왕비로 인해 애처로운 겁니다.

"전하, 전하께서 소첩을 즐겨하시고 또한 소첩이 전하께 은혜를 입으며 전하의 사랑을 받아 전하의 기쁨이 된다면 전하의 이름으로 조서 내리시옵기를 바라나이다. 아각 사람 함므다다의 아들 하만이 전국에 반포하여 유다인을 죽이라고 한 조서를 취소하시옵기를 구하나이다. 소첩이 어찌 자신의 민족과 친척이 화 당함을 볼 수가 있겠나이까?"

"왕후, 그 일은 염려하지 마시오. 내 왕후에게 나라의 절반이라도 주겠다고 하지 않았소. 왕후의 마음이 그 일로 인해 불안하시다기에 지금 당장 조서를 내리리이다."

에스더 왕비의 말과 마음을 애처롭게 듣고 있던 아하수에로 왕은 지체하지 않았던 겁니다.

"모르드개도 함께 들으시오. 이제 그대는 짐을 보필하는 이 제국의 총리이시니 짐의 말을 듣고 즉각 시행하시오. 짐이 하만의 집과 재산을 왕후와 그대에게 주지 않았소. 그리고 유다인을 죽이려고 했던 하만이 나무에 달렸을 터이니 왕후와 그대 모르드개는 짐의 명령으로 유다인에게 내릴 조서를 쓰되 그대들의 뜻대로 쓸 것을 허락하오. 또한 짐의 반지로 인을 침으로 누구도 조서를 변개할 수 없음을 분명히 하도록 하시오."

『에스더가 다시 왕의 앞에서 말씀하며 왕의 발아래 엎드려 아각 사람 하만이 유다인을 해하려 한 악한 꾀를 제하기를 울며 구하니 왕이 에스더를 향하여 금홀을 내어미는지라 에스더가 일어나 왕의 앞에 서서 가로되 왕이 만일 즐겨하시며 내가 왕의 목전에 은혜를 입었고 또 왕이 이 일을 선히 여기시며 나를 기쁘게 보실진대 조서를 내리사 아각 사람 함므다다의 아들 하만이 왕의 각 도에 있는 유다인을 멸하려고 꾀하고 쓴 조서를 취소하소서 내가 어찌 내 민족의 화 당함을 참아 보며 내 친척의 멸망함을 참아 보리이까 아하수에로 왕이 왕후 에스더와 유다인 모르드개에게 이르되 하만이 유다인을 살해하려 하므로 나무에 달렸고 내가 그 집으로 에스더에게 주었으니 너희는 왕의 명의로 유다인에게 조서를 뜻대로 쓰고 왕의 반지로 인을 칠지어다 왕의 이름을 쓰고 왕의 반지로 인친 조서는 누구든지 취소할 수 없음이니라』(에 8:3-8)

에스더는 하만을 개인적인 감정에서 처리하는 게 아닙니다.
그는 하나님의 말씀을 근거로 하나님의 원수이기에
처리하는 겁니다.
그렇기에 하만을 말할 때 아각 사람인 것을 강조하고 있지요.
아각 사람이라는 건 아말렉 사람이라는 말입니다.
에스더는 원수를 분명히 알고 있었고
그 원수가 누구의 원수인지를 알고 있었던 겁니다.

그리스도인은 개인의 감정으로 인해 원수를 구분하지 않습니다.
하나님의 뜻을 대적하기 때문에 원수로 보는 겁니다.
주님의 교회를 무너뜨리고 십자가의 복음을 훼손시키며
구원받은 성도로 하여금 믿음에서 떨어져 나가게 하고

아말렉의 역사를 소개합니다.

저들이 처음 등장하는 것은 이스라엘이 애굽에서 나온 직후입니다. 그 이야기가 출애굽기 17장에 기록되어 있습니다. 그들이 애굽에서 바로 나온 이스라엘을 공격한 겁니다. 구원 받은 하나님의 백성을 빼앗고 죽이기 위해서였습니다.가나안으로 가지 못하도록 하기 위해서였지요. 그런데 이때의 아말렉의 공격이 얼마나 치사했는지, 뒤에서 공격한 겁니다. 신명기 25장에서 밝히고 있답니다.

『그들(아말렉)이 하나님을 두려워하지 아니하고 너를 길에서 만나 너의 피곤함을 타서 네 뒤에서 떨어진 약한 자를 쳤느니라』(신 25:18)

그 당시 광야 길에서 만난 아말렉을 물리친 것은 모세의 기도의 손이었습니다. 모세가 기도의 손을 들므로 인해 하나님께서 이스라엘에게 승리를 주신 것이었죠. 승리를 주신 하나님께서 모세와 이스라엘 백성에게 말씀하셨습니다. 아말렉에 대하여 무척 화가 나신 겁니다. 『...귀에 외워 들리라 내가 아말렉을 도말하여 천하에서 기억함이 없게 하리라...여호와께서 맹세하시기를 여호와가 아말렉으로 더불어 대대로 싸우리라 하셨다 하라』(출 17:14,16)

훗날 세월이 40년이 지난 다음 하나님은 이스라엘 사람들에게 출애굽 초기, 이때의 사건을 상기시키면서 또 한 번 아말렉에 대한 당신의 마음을 전했습니다.

『너희가 애굽에서 나오는 길에 아말렉이 네게 행한 일을 기억하라 곧 그들이 하나님을 두려워하지 아니하고 너를 길에서 만나 너의 피곤함을 타서 네 뒤에 떨어진 약한 자들을 쳤느니라 그러므로 네 하나님 여호와께서 네게 주어 기업으로 얻게 하시는 땅에서 네 하나님 여호와께서 너로 사면에 있는 모든 대적을 벗어나게 하시고 네게 안식을 주실 때에 너는 아말렉의 이름을 천하에서 도말할지니라 너는 잊지 말지니라』(신 25:17-19)

하나님 백성을 괴롭히고 죽이려는 악한 세력이기 때문이었습니다. 살아서 활동하고 있는 아말렉에 대한 하나님의 마음은 계속되었습니다. 그것은 이스라엘의 초대 왕으로 등극을 한 사울에게 아말렉을 완전히 제거하라는 명령이었습니다.

『사무엘이 사울에게 이르되 여호와께서 나를 보내어 왕에게 기름을 부어 그 백성 이스라엘 위에 왕을 삼으셨은즉 이제 왕은 여호와의 말씀을 들으소서 만군의 여호와께서 이같이 말씀하시기를 아말렉이 이스라엘에게 행한 일 곧 애굽에서 나올 때에 길에서 대적한 일을 내가 추억하노니 지금 가서 아말렉을 쳐서 그들의 모든 소유를 남기지 말고 진멸하되 남녀와 소아와 젖먹는 아이와 우양과 약대와 나귀를 죽이라 하셨나이다』(삼상 15:1-3)

그러나 사울은 하나님의 말씀대로 완전히 순종하지 않고 자기가 필요한 물건과 아말렉의 왕인 아각을 죽이지 않았던 겁니다. 이 일로 인해 사울은 하나님으로부터 폐위가 되었지요.

『왕이 여호와의 말씀을 버렸으므로 여호와께서도 왕을 버려 왕이 되지 못하게 하셨나이다』(삼상 15:23하)

아말렉 사람이 밉다는 말이 아닙니다. 아말렉은 하나님을 대적하는 무리요 하나님의 백성을 죽이는 세력이기에 없애야 한다는 겁니다. 에스더 이야기에서 그 실체가 드러나고 있는 거지요. 아말렉 사람 아각의 후손인 하만이 하는 일을 보세요. 하나님의 백성인 유다인을 완전히 죽이기 위해 음모를 꾸민 걸 분명히 알아야 하는 겁니다. 아말렉은 하나님께서 당신의 자녀를 보호하시기 위해 죽이라고 한 악입니다. 에스더서의 기자는 그 하나님의 마음 알려주기 위해 하만을 말할 때 아각 사람이라는 것을 의도적으로 강조하고 있는 겁니다.

하나님의 말씀을 가르치지 못하게 하고 배우지 못하게 하는

세력을 원수로 보는 겁니다.

그걸 아말렉이라고 하는 것이고 그 뒤에는 사탄이 있는 겁니다.

아말렉이 어떻게 날뛰고 있는지 정신 바짝 차려야 합니다.

아말렉을 원수 삼고 싸워야 하는 것이지

형제를 원수로 알고 싸우면 안 되는 거랍니다.

하나님의 백성을 보호하고 구원하기 위해서는
누군가의 눈물이 필요합니다.
에스더의 눈물이 유다인을 보호하고 구원한 것처럼 말입니다.
우리의 눈물이 필요합니다.
민족을 구원하기 위해서입니다.
교회를 보호하기 위한 눈물이 필요한 거지요.
사랑하는 형제자매를 위한 애절한 눈물이 필요하답니다.

14 에 8:9-17

급한 사안

모르드개에게 총리가 되었음을 축하하기 위한 손님들이 줄을 이었습니다. 또한 총리 관저는 신임 총리 취임식을 위해 분주해 지기 시작했습니다. 그러나 모르드개에겐 그런 것이 전혀 중요하지 않았습니다. 제국 구석구석에 보내진 유다인 학살에 대한 조서를 거둬들이고 새로운 조서를 내리는 것이 급했습니다. 조서가 만들어진다 하더라도 워낙 땅이 넓기에 제국 전체에 알리려면 꽤 상당한 시간이 필요한 거였지요. (하만이 유다인 전체를 학살하려는 계획은 꼭 100일 전에 된 것이었지만 이미 오래 전부터 치밀하게 꾸민 계획이었기에 전국에 전달되는 것은 순식간이었던 겁니다.) 그런데 새로운 조서가 전달되기에는 시간이 급했던 겁니다. 게다가 각 도의 관리들이 갑자기 변경된 왕의 조서를 받고 나서 혼란스러워 한다면, 그것 또한 설득을 해야 하겠기에 시간이 필요한 거였지요.

총리 모르드개는 모든 신임 업무를 뒤로 미루고 왕의 서기관들을 소집했습니다. 때는 시완월(3월) 23일이었습니다. 서기관들은 총리의 명에 따라 전에 하만이 내린 유다인 학살 조서 취소와 더불어 유다인의 생명을 보호하라는 새로운 조서를 꾸몄습니다. 조서를 꾸미고 각 민족의 말로 번역하는 것도 많은 시간이 필요했습니다. 바사 제국의 행정이 127도로 구분되어 있는 것도 엄청난 데다가 각 민족과 족속의 언어는 헤아릴 수 없이 많았기 때문입니다.

『그때 시완월 곧 삼월 이십삼일에 왕의 서기관이 소집되고 무릇 모르드개의 시키는 대로 조서를 써서 인도로부터 구스까지의 일백이십칠 도 유다인과 대신과 방백과 관원에게 전할 새 각 도의 문자와 각 민족의 방언과 유다인의 문자와 방언대로 쓰되』(에 8:9)

생명을 구원하는 조서는 한 언어로는 안 됩니다.
모두가 알아들어야 하기 때문입니다.
만국(萬國)이라면 만 개의 언어로 번역되어 전해져야 합니다.
만일 한 사람만이 사용하고 있는 말이 있다면
그가 사용하는 말로도 번역되어 전해져야 하는 겁니다.
부자들이 사용하는 언어, 문화가 발달한 사람들이 사용하는 언어로,
지식인이 사용하는 언어로, 가난한 사람들, 억눌린 사람들,

노예들이 사용하는 언어로 번역되어야 하는 겁니다.
땅 끝까지라도 복음은 전달되어야 하는 것이기 때문입니다.
모두가 구원받아야 하기 때문입니다.

조서가 작성되었습니다.

전국에 있는 유다인들은 함께 스스로 모일 것을 허락하노라.
그리하여 스스로 생명을 보호할 것이며
혹 유다인에게 악한 마음을 품고 살인을 계획한 자들이 있으면
그들의 처자들을 죽이고 도륙하며 진멸할 뿐만 아니라
그들의 재산을 탈취할 것을 허락하노라.
이 일은 아달월(12월) 13일 하루 동안만 할 것이니라.

바사 제국 황제
아하수에로

조서에는 왕의 이름이 분명히 명시되어 있었고, 모르드개 총리는 왕으로부터 받은 왕의 반지로 조서 위에다 인을 쳤습니다. 그리고는 미리 준비한 왕실의 소식을 전하는 역졸들에게 전하도록 했답니다. 더욱이 사안이 급하기에 왕의 일에만 쓰는 말들과 그것을 타는 자들을 불러 조서를 전하도록 했지요.

왕의 조서를 가진 자들이 수산 성을 비롯하여 전국으로 달렸습니다. 먼 땅으로 가는 자들이 있는가 하면 가까이 수산 성에 전하는 자들도 있었습니다. 수산 성은 가장 먼저 왕의 조서가 붙기 시작했답니다.

『아하수에로 왕의 명의로 쓰고 왕의 반지로 인을 치고 그 조서를 역졸들에게 부쳐 전하게 하니 저희는 왕궁에서 길러서 왕의 일에 쓰는 준마를 타는 자들이라 조서에는 왕이 여러 고을에 있는 유다인에게 허락하여 저희로 함께 모여 스스로 생명을 보호하여 각 도의 백성 중 세력을 가지고 저희를 치려 하는 자와 그 처자를 죽이고 도륙하고 진멸하고 그 재산을 탈취하게 하되 아하수에로 왕의 각 도에서 아달월 곧 십이월 십삼일 하루 동안에 하게 하였고 이 조서 초본을 각 도에 전하고 각 민족에게 반포하고 유다인으로 예비하였다가 그 날에 대적에게 원수를 갚게 한지라 왕의 명이 심히 급하매 역졸이 왕의 일에 쓰는 준마를 타고 빨리 나가고 그 조서가 도성 수산에도 반포되니라』(에 8:10-14)

시간이 급한 사안입니다.
사람이 죽고 사는 문제이거든요.
그래서 왕이 타는 말과 그 말을 타는 사람이 달린 겁니다.
복음은 급한 사안입니다.
사람의 생명이 달린 문제이거든요.
달구지를 가지고 복음 전하면 안 됩니다.
심심풀이로 복음을 전하는 게 아닙니다.
긴박성을 가지고, 그 긴박성 때문에
최고의 실력자가 최고의 수단으로 복음을 전해야 하는 거지요.

스스로 모여 생명을 보호해야 하는 거랍니다.

원수의 계략과 공격이 강하기 때문입니다.
성도의 모임이 그래서 중요한 거지요.
지혜를 모아야 합니다.
마음을 모아야 합니다.
힘을 모아야 합니다.
그래서 악한 세력을 이겨야 하는 겁니다.
『마음을 같이 하여 같은 사랑을 가지고 뜻을 합하여
한 마음을 품어...각각 자기의 일을 돌아볼 뿐더러
또한 각각 다른 사람의 일을 돌아보아...』(빌 2:2,4)
『서로 돌아보아 사랑과 선행을 격려하며 모이기를 폐하는
어떤 사람들의 습관과 같이 하지 말고 오직 권하여
그날이 가까움을 볼수록 더욱 그리하자』(히 10:24-25)

수산 성에 왕의 조서가 붙었습니다. 지난 번 하만이 작성하여 왕의 인을 친 유다인 진멸에 관한 조서가 취소되고 유다인을 살리라는 내용과 더불어 유다인에게 악한 행동을 하는 모든 자들을 응징하도록 허락하는 조서였습니다.

하루아침에 희비가 엇갈린 겁니다. 죽음을 기다리던 유다인들은 생명을 보장 받은 것이고, 유다인을 미워하던 차에 하만의 조서로 유다인을 죽일 계획을 했던 사람들은 죽음을 기다리게 된 겁니다. 수산 성뿐만이 아니었습니다. 왕의 조서가 전달되는 성마다 똑같은 분위기였지요. 게다가 누구

도 불평을 하지 못한 것은 이 일을 주관하는 총리가 유다인이요, 왕의 사랑을 받고 있는 왕비가 유다인이라는 소문 때문이었습니다. 바사 제국의 실질적인 힘이 유다 사람 에스더와 모르드개에게 있었던 겁니다.

조서를 만들어 전국에 보낸 모르드개는 이제 숨을 돌릴 수가 있었습니다. 총리로서 국사(國事)를 돌보기 위하여 정식으로 왕 앞에 나가야 했고 관료들을 만나 일을 해야 했지요. 그러기 위해 총리 관복을 입었답니다. 총리가 입는 옷은 푸른색과 흰색으로 만들어진 속옷과 자색과 가는 베로 만들어진 겉옷이었습니다. 머리에는 금으로 만들어진 면류관을 쓰고 있었구요. 유다인들은 오래 전 다니엘이 총리로 있던 생각을 했답니다.

수산 성 안에 사는 유다인들은 축제의 분위기였습니다. 유다 민족이라는 것에 대한 뿌듯함과 자랑스러움으로 신이 난 것이지요. 그도 그럴만한 것이 전국을 움직이는 수장으로서의 총리가 유다인이요 아하수에로 왕의 총애를 한 몸에 받고 있는 왕비가 유다인이기 때문입니다. 반면에 다른 민족들은 유다인을 부러워하기도 하고 두려워하였답니다. 어떤 사람은 이번 기회에 자신도 유다인이 될 것을 청하기도 했지요.

『모르드개가 푸르고 흰 조복을 입고 큰 금면류관을 쓰고 자색 가는 베 겉옷을 입고 왕의 앞에서 나오니 수산 성이 즐거이 부르며 기뻐하고 유다인에게는 영광과 즐거움과 기쁨과 존귀함이 있는지라 왕의 조명이 이르는 각 도, 각 읍에서 유다인이 즐기고 기뻐하여 잔치를 베풀고 그 날로 경절을 삼으니 본토 백성이 유다인을 두려워하여 유다인 되는 자가 많더라』(에 8:15-17)

성도의 승리를 보고 이방인들이 주님께로 오는 모습입니다.
하나님을 찬양하는 모습입니다.
우리의 착한 행실, 우리 속에서 나타나는 승리들이
하나님을 영화롭게 하는 것이고
사람들로 하여금 주님을 영접하게 하는 거랍니다.

⑮ 에 9:1–16

처벌되는 악인들

아하수에로 왕의 새로운 조서가 방방 곡곡에 전달되고 있었습니다. 아달월(12월) 13일 바사 제국에 있는 모든 유다인을 진멸하라는 조서가 바뀌어 유다인을 죽이지 못한다는 내용과 함께 오히려 유다인을 미워하여 유다인 진멸에 앞장 서고 있었던 사람들을 죽이고 그들의 재산까지 몰수하라는 조서가 전달된 것입니다.

전국은 또 다시 술렁거리는 것이었죠. 유다인을 미워하던 어떤 사람은 자신이 죽임을 당할 것이라는 두려움으로 인해 살던 곳을 떠나기도 했습니다. 어떤 곳은 이주 및 여행 금지령을 내리기도 했습니다. 유다인들 때문에 세상이 술렁이고 있었던 겁니다.

몇 달 그런 가운데 드디어 그날 12월 13일이 코앞으로 다가왔습니다. 유다인들은 왕의 조서에 따라 13일을 준비해 왔지요. 아주 조직적인 준비였습니다. 왕의 조서가 전해진 후 유다인들은 자기들을 계획적으로 괴롭히고 음해하며 악하게 대했던 사람들의 명단을 준비했고, 또 저들에 대한 진멸 계획을 철저히 해 온 겁니다.

공공연한 일이었지만 어느 누구도 어느 민족도 유다인의 하는 일을 막지 못했으며 막을 수도 없었습니다. 왜냐하면 이미 각 도의 도지사나 방백들과 관원들은 물론 왕실 사람들까지 이 계획적인 일에 적극적인 협조를 하고 있었기 때문입니다. 그렇기에 사람들은 오히려 유다인의 하는 일에 협조하려고들 하는 눈치였답니다. 게다가 이 일을 진두지휘하는 사람이 왕의 오른팔과 같은 모르드개였고 왕의 사랑을 받는 에스더 왕비였기 때문입니다. 모르드개는 바사 제국에서 강한 힘을 가진 자로 알려지고 있었습니다.

『아달월 곧 십이월 십삼일은 왕의 조명을 행하게 된 날이라 유다인의 대적이 저희를 제어하기를 바랐더니 유다인이 도리어 자기를 미워하는 자를 제어하게 된 그 날에 유다인들이 아하수에로 왕의 각 도, 각 읍에 모여 자기를 해하고자 하는 자를 죽이려 하니 모든 민족이 저희를 두려워하여 능히 막을 자가 없고 각 도 모든 관원과 대신과 방백과 왕의 사무를 보는 자들이 모르드개를 두려워하므로 다 유다인을 도우니 모르드개가 왕궁에서 존귀하여 점점 창대하매 이 사람 모르드개의 명성이 각 도에 퍼지더라』(에 9:1-4)

「그날」이 있습니다.

사탄이 하나님의 자녀인 우리를 진멸하려고 계획한 날입니다.

그러나 성도는 두려워하지 않습니다.

그날 하나님이 준비하신 승리의 영광을 맛볼 것이기 때문입니다.

성도는 이렇게 하실 하나님의 능력을 알고 사는 사람이고

원수를 멸하시고 자기 백성을 구원하실 분이라는 걸

믿고 사는 사람이며

그것이 자기 백성에 대한 하나님의 사랑 때문이라는 것에

감격하며 사는 사람이랍니다.

우린 아무 것도 할 수 없는 사람들이지요.

하나님의 은혜로 인한 역사하심이 아니면

살 수 없는 존재들이랍니다.

무조건적인 하나님의 사랑을 받고 사는 사람들이지요.

게다가 원수들 앞에서 하나님의 빽을 가지고

당당하게 위엄을 나타낼 사람들이라는 겁니다.

우리가 섬기는 하나님께서 그렇게 하시기 때문입니다.

하나님은 당신의 백성을 구원하시기 위해

사람의 마음을 움직이셨고 세상을 움직이셨습니다.

절대 권력(?)자 아하수에로 왕의 마음을 움직이신 겁니다.

에스더라고 하는 어린 여인을

세상의 최고 권력자의 아내로 만드신 겁니다.

성 문지기 모르드개라고 하는 하찮은 사람을
세상을 움직일 권력자로 만드신 겁니다.
물론 그런 일만 하신 것은 아닙니다만
정말 기가 막힌 일을 하신 것이지요.
중요한 건,
자기 백성을 구원하시기 위한 하나님의 일하심이라는 거지요.
그 하나님께서 우리를 구원하시기 위해서
아들까지 내놓으신 것,
깊이 생각하면서 살아야 하는 것이랍니다.
아들까지 내놓으신 하나님께서
우리를 위해 무슨 일을 못하시겠는지요!

12월 13일, 오래 기다렸던 그날이었습니다. 학대와 멸시를 받으며 짓밟히면서도 참아 왔는데, 이날은 그런 악한 존재들을 진멸하는 날인 겁니다. 동이 뜨자마자 전국에 있는 유다인들이 움직이기 시작했습니다. 이미 작성된 살생부 명단을 따라 죽이고 진멸하며 빼앗기 위해서였습니다.

도성 수산 성에서도 살생이 일어나고 있었습니다. 수산 성에서 죽이려고 작성된 살생부 명단의 숫자는 500명이었습니다. 물론 그 가운데는 하만의 가족들이 포함되어 있었지요.

"하만의 가족을 죽여라. 저들은 아말렉 족속이니라. 수백 년 전부터 끊임없이 우리 유다인을 괴롭히고 죽이며 악한 일을 쉬지 않았던 족속이니

라. 그러나 저들의 재산에는 손을 대지 말지니라. 그 이유는 여호와께서 아말렉 족속의 것은 어떤 물건이라도 손대지 말 것을 오래 전에 말씀 하셨느니라. 죽여야 하는 아말렉 족속 하만의 가족 명단이니라. 바산다다, 달본, 아스바다, 보라다, 아달리야, 아리다다, 바마스다, 아리새, 아리대, 왜사다, 열 명이니라. 이들은 하만과 더불어 우리 유다인을 학대하고 죽이기 위해 악한 일을 도모했던 원수니라."

『유다인이 칼로 그 모든 대적을 쳐서 도륙하고 진멸하고 자기를 미워하는 자에게 마음대로 행하고 유다인이 또 도성 수산에서 오백 인을 죽이고 멸하고 또 바산다다와 달본과 아스바다와 보라다와 아달리야와 아리다다와 바마스다와 아리새와 아리대와 왜사다 곧 함므다다의 손자요 유다인의 대적 하만의 열 아들을 죽였으나 그 재산에는 손을 대지 아니하였더라』(에 9:5-10)

하만 집안의 재산에는 손대지 말라는 명령이었습니다.
하만은 아말렉 사람이었기 때문입니다.
하만의 재산이 대단했을 것이고
그가 가진 것이 진귀한 것이었을 텐데도
그 집안의 재산에는 손대지 말라는 것이었죠.
하나님이 원하시지 않는다는 걸 알고 있었고
그에 대한 순종이었던 겁니다.
아말렉의 물건에 손대지 말라는 명령은 사울 왕 때,
즉 500여 년 전에 받은 것인데도

모르드개를 비롯한 유다인은 그것을 기억하고

순종하고 있는 겁니다.

우리가 배울 점이랍니다.

세월이 바뀌어도 환경이 바뀌어도

바뀌지 않는 것이 있다면 그것은 하나님의 말씀이잖아요.

우리도 모르드개처럼 순종해야 하는 거랍니다.

하만의 자손들 이름이 악인으로 기록되어 있는데

세월이 지나더라도 그들의 이름이 기억되도록 한 겁니다.

우리의 이름은 어떻게 기록되고 있을까요?

선한 사람으로 기억되고 기록 되어야겠지요.

악한 일 하지 말자구요.

지금의 속상함 풀기 위해 참지 못하고

악한 일 계획하고 악한 일 한다면

어떤 자료에 하만의 아내 세레스에 관한 이야기가 있습니다.

그녀는 가족들 70명을 데리고 도피했다고 합니다. 그러다가 자신들이 하만 족속인 것이 발각되면 죽을 것이 두려워 거지 행상을 하면서 살았고 결국은 그렇게 방황하다가 죽었답니다. 갈대아 역판에 기록된 이야기라고 하네요.

유다인들은 원수를 진멸한 이 날을 부림절이라고 했습니다. 이 날 잔치를 하면서 꼭 행하는 행사가 있었는데 본문에 기록된 하만의 자손 10명의 이름을 낭독하고 부른 거랍니다. 이들이 얼마나 악하게 굴었는지를 역사 속에 남겨두려고 하는 거겠지요.

당장은 속이 시원할지 모르지만
조금 지나면 후회가 되는 것은 물론
역사 가운데 악한 일을 한 사람으로 기록되고 기억된답니다.

아하수에로 왕에게도 보고가 되고 있었습니다. 모르드개 총리가 전적으로 맡아 진두지휘를 하고 있긴 했으나 왕의 인이 찍힌 일이고 또한 사안이 중대한 일이라 시시각각 보고를 해야 했던 겁니다.

보고를 받은 아하수에로 왕은 왕후 에스더가 걱정되었습니다. 자신의 목숨을 살려달라고 하던 왕후의 애처로운 모습이 머릿속에서 떠나지를 않았던 겁니다.

"왕후여, 짐이 보고 받기를 이미 수산 성에서 유다인을 괴롭히고 유다인에게 악하게 굴던 사람들이 오백이나 학살되었다고 들었소. 게다가 하만의 아들 열을 죽였다고 하오. 그러니 전국에서 일어나는 일이야 어떻겠소이까? 그러니 아무런 염려를 하지 마시오. 왕비의 목숨은 짐이 지킬 것이며 왕비의 민족인 유다 족속도 무사할 것이요. 혹시 왕비께서 짐에게 원하는 것이 있다면 말씀해 보시구려. 짐이 무엇이든지 시행하리이다."

"전하, 소첩이 전하의 은혜에 무엇으로 보답하오리까? 또한 소첩이 전하께 어떤 것을 더 바라겠나이까? 그러나 전하께서 소첩에게 소원을 말하라 하시니 말씀을 올리나이다. 오늘 악한 무리를 진멸하는 일을 내일까지 계속하게 하소서. 또한 하만의 열 아들의 시체를 나무에 달아 만백성으로 하여금 악한 족속의 최후를 알게 하시고, 다시는 제국과 전하의 나라에서 악한 음모가 생기지 않도록 경계를 삼으소서."

"그것 참 좋은 일이요. 제국이 방대하다 보니 민족 간에 시기와 질투가 있고 또 짐에 대한 음모가 끊이지를 않는바, 이번 일로 인해 애매한 일로 민족끼리 싸우고 또 제국의 안녕을 해치는 일을 하는 자에게 경각심을 심어야겠소이다. 허니 짐은 왕후께서 부탁하신 일을 속히 시행할 것이요."

아하수에로 왕은 에스더의 부탁에 따라 유다인들로 하여금 하루 더 악인 진멸의 일을 하게 했답니다. 또한 하만의 열 아들의 시체를 나무에 달도록 하여 악한 음모를 꾸미는 것에 대한 경고를 삼았지요.

다음날도 수산 성에는 피비린내가 나고 있었습니다. 아니 전국에서 피비린내가 나고 있었던 겁니다. 선인이 죽는 것이 아니라 악인이 심판을 받는 거였지요. 그날 수산 성에서는 300명이 죽었고 전국적으로는 75,000명이 학살을 당했답니다. 그러나 학살이 있긴 했지만 누구도 재산에는 손을 대지 않았답니다. 저들이 하는 일은 재산을 증식하기 위한 일이 아니었기 때문입니다. 유다인에게 학살을 당한 사람들은 대부분 아말렉 사람이었습니다.

『그 날에 도성 수산에서 도륙한 자의 수효를 왕께 고하니 왕이 왕후 에스더에게 이르되 유다인이 도성 수산에서 이미 오백 인을 죽이고 멸하고 또 하만의 열 아들을 죽였으니 왕의 다른 도에서는 어떠하였겠느뇨 이제 그대의 소청이 무엇이뇨 곧 허락하겠노라 그대의 요구가 무엇이뇨 또한 시행하겠노라 에스더가 가로되 왕이 만일 선히 여기시거든 수산에 거하는 유다인으로 내일도 오늘날 조서대로 행하게 하시고 하만의 열 아들의 시체를 나무에 달게 하소서 왕이 그대로 행하기를 허락하고 조서를 수산에 내리니 하만의 열 아들의 시체가 달리니라 아달월 십사일에도 수산에 있는 유다인이 모여 또 삼백 인을 수산에서 도륙하되 그 재산에는 손을 대지 아니하였고 왕의 각 도에 있는 다른 유다인들이 모여 스스로 생명을 보호하여 대적들에게서 벗어나며 자기를 미워하는 자 칠만 오천 인을 도륙하되 그 재산에는 손을 대지 아니하였더라』(에 9:11-16)

유다인들은 아말렉 사람만을 죽였다고들 말합니다.
이는 아무나 죽인 것이 아니라는 말이고
분명한 목적이 있는 학살이었다는 거죠.
출애굽 때 아말렉에 대한 하나님의 말씀을 순종한 겁니다.
사울 왕에게 명령했던 아말렉 진멸에 대한
하나님의 명령에 순종한 겁니다.
유다인은 감정을 따라 일한 것이 아니라
이성을 가지고 일을 한 겁니다.
자신의 이득을 위한 것이 아니라 하나님의 뜻을 따른 거지요.
그렇기에 졸지에 부자가 될 수 있는 재산에는
손도 대지 않은 거랍니다.

우리가 하는 일에 냉정한 평가를 해야 합니다.

나의 감정을 따르며 일을 하면 안 됩니다.

감정보다 앞서야 하는 것은 냉정한 이성입니다.

그 이성 속에는 하나님의 뜻이 기준이어야 하는 것이구요.

혹 사람들에게는 이해가 되지 않는 일이라 하더라도

하나님의 뜻이라면 반드시 해야 하는 것이고

충분히 사람들에게 이해받을 수 있는 일이라 하더라도

하나님의 뜻이 아니면 손을 떼야 하는 거랍니다.

칭찬과 평가는 하나님께서 하시기 때문입니다.

⑯ 에 9:17–32

구원 받은 날을 기억하라

자나 깨나 고통을 주던 원수들을 진멸한 유다인들은 오랜 만에 마음에 후련함을 얻었습니다. 보기만 해도 고통스러웠던 사람들이 모두 없어졌으니 마음이 가벼운 거였지요. 원수를 학살한 13일과 14일은 유다인들의 날이었습니다. 유다인들은 거리로 쏟아져 나와 기쁨을 나누고 있었고, 15일에는 모든 일을 놓고 쉬며 안식을 취했답니다. 전국에서도 같은 일이 벌어지고 있었습니다. 곳곳에서 기쁨의 축제가 벌어지고 있었고 14일은 아주 민족 경절로 하자고 이야기들을 했지요. 사람들은 선물을 주고받기도 했답니다.

『아달월 십삼일에 그 일을 행하였고 십사일에 쉬며 그 날에 잔치를 베풀어 즐겼고 수산에 거한 유다인은 십삼일과 십사일에 모였고 십오일에 쉬며 이 날에 잔치를 베풀어 즐긴지라 그러므로 촌촌의 유다인 곧 성이 없는 고을고을에 거하는 자들이 아달월 십사일로 경절을 삼아 잔치를 베풀고 즐기며 서로 예물을 주더라」(에 9:17-19)

유다인들의 행복은 극에 달하고 있었습니다. 총리 모르드개도 행복했고 에스더 왕비 또한 기뻤답니다. 모르드개는 총리 권한으로 왕의 이름을 빌려 전국에 조서를 내렸지요. 모르드개의 조서가 전해지자 유다인들의 기쁨과 행복은 하늘을 찌르고 있었답니다.

온 유다인들에게 조서 하노라.
유다인들은 아달월 14일과 15일을 지킬지어다.
이 날은 유다인이 대적에게서 벗어난 날로서 평안을 얻은 날이며
슬픔이 변하여 기쁨이 되고 애통이 변하여 길한 날이 되었느니라.
그러므로 이 두 날을 지키되
잔치를 베풀 뿐만 아니라 서로 선물을 주며 기쁨을 나눌 것이고
가난한 자를 구제할지니라.

총리 모르드개

사람들은 이 날을 부르(Pru)라고 불렀습니다. 제비뽑은 날이라는 의미를 가진 말이었습니다. 하만이 모르드개를 나무에 매달기 위해 어느 날을 정할까 해서 그날 선택을 위해 제비 뽑은 날이고, 유다인을 언제 죽일까 해서 제비를 뽑은 날이기 때문이었지요. 그런데 죽임을 당할 줄 알았던 그

날이 오히려 원수를 죽이고 진멸하는 날이 되었기에 제비뽑은 날, 「부르」라고 부른 거랍니다. 그리고 13일과 14일, 이틀을 축제일로 삼았기에 부림(부르의 복수)이라고 했지요. 생명을 얻은 이 날들을 후손들로 하여금 기억하게 하고 영원히 지키도록 하기 위하여 규례를 삼은 거였습니다. 이 규례에 대한 조서는 총리의 이름뿐만 아니라 왕비의 이름으로까지 되어 있었습니다.

온 유다인들에게 두 번째 조서 하노라.
유다인들은 아달월 14일과 15일을 지킬지어다.
온 유다인들은 13-14일을 지키되
그 날의 이름을 부림이라 하고 지킬 것이며
자손 대대로 이 날을 기념하도록 할지니라.

총리 모르드개
왕후 에스더

『모르드개가 이 일을 기록하고 아하수에로 왕의 각 도에 있는 모든 유다인에게 무론 원근하고 글을 보내어 이르기를 한 규례를 세워 해마다 아달월 십사일과 십오일을 지키라 이 달 이 날에 유다인이 대적에게서 벗어나서 평안함을 얻어 슬픔이 변하여 기쁨이 되고 애통이 변하여 길한 날이 되었으니 이 두 날을 지켜 잔치를 베풀고 즐기며 서로 예물을 주며 가난한 자를 구제하라 하매 유다인이 자기들의 이미 시작한 대로 또는 모르드개의 보낸 글대로 계속하여 행하였으니 곧 아각 사람 함므다다의 아들 모든 유다인의 대적 하만이 유다인을 진멸하기를 꾀하고 부르 곧 제비를 뽑아 저희를 죽이고 멸하려 하였으나 에스더가 왕의 앞에 나아감을 인하여 왕이 조서를 내려 하만이 유다인을 해하려던 악한 꾀를 그 머리에 돌려보내어 하만과 그 여러 아들을 나무에 달게 하였으므로 무리가 부르의 이름을 좇아 이 두 날을 부림이라 하고 유다인이 이 글의 모든 말과 이 일에 보고 당한 것을 인하여 뜻을 정하고 자기와 자손과 자기와 화합한 자들이 해마다 그 기록한 정기에 이 두 날을 연하여 지켜 폐하지 아니하기로 작정하고 각 도, 각 읍, 각 집에서 대대로 이 두 날을 기념하여 지키되 이 부림일을 유다인 중에서 폐하지 않게 하고 그 자손 중에서도 기념함이 폐하지 않게 하였더라 아비하일의 딸 왕후 에스더와 유다인 모르드개가 전권으로 글을 쓰고 부림에 대한 이 둘째 편지를 굳이 지키게 하되 화평하고 진실한 말로 편지를 써서 아하수에로의 나라 일백이십칠 도에

이스라엘 사람들에게 큰 절기가 있습니다.

니산월(유대력으로는 1월/ 현대력으로는 7월) 14일의 유월절입니다. 아달월(유대력으로는 12월/ 현대력으로는 6월) 13-14일입니다. 첫 달은 유월절을 지키고 마지막 달은 부림절을 지키는 것이지요. 두 절기가 꼭 한 달 차이입니다만 그 의미가 아주 비슷합니다. 죽음 가운데서 구속받은 것을 기념하는 것이죠. 유월절이 애굽에서 구원받은 것을 기념한다면 부림절은 아말렉에게서 구원받은 걸 기념하는 겁니다.

부림절에 이스라엘 사람들이 드리는 기도가 있답니다. 예배를 드릴 수 있게 해 주셔서 감사하다고 기도한다지요. 조상들을 보호해 주심을 감사하는 기도를 한다네요. 한 해를 잘 살도록 인도해 주심을 기억하며 감사기도를 한답니다. 그리고 출애굽기 17장 8-11절의 말씀을 읽으면서 기쁨을 나눈다고 합니다.

있는 유다 모든 사람에게 보내어 정한 기한에 이 부림일을 지키게 하였으니 이는 유다인 모르드개와 왕후 에스더의 명한바와 유다인이 금식하며 부르짖은 것을 인하여 자기와 자기 자손을 위하여 정한 바가 있음이더라 에스더의 명령이 이 부림에 대한 일을 견고히 하였고 그 일이 책에 기록되었더라』(에 9:20-32)

구원의 기쁨을 잊으면 안 됩니다.
늘 기억해야 하는 거랍니다.
받은 은혜가 크기에 선물을 준비하는 겁니다.
생명을 얻은 것이기에 잔치를 하는 것이랍니다.
은혜를 받은 것이기에 선을 베푸는 것이랍니다.

예배드릴 수 있게 해 주신 하나님께 감사하고 있나요?
조상들을 지키셔서 신앙을 물려받게 하셨음을 감사하시나요?
한 해를 은혜롭게 지낼 수 있도록 하신
하나님께 감사를 드리고 있는지요.
우리들도 부림절을 기억해 보시자구요.
사탄에게서 구원받은 그날 말입니다.

17 에 10:1-3

역사를 흔드는 사람

세상은 아하수에로 왕을 신(神)처럼 보고 있었습니다. 왕이 된 지가 13년이 흐르고 있었습니다만 바사 제국은 더 많은 조공을 받고 있었고 힘은 막강해지고 있었습니다. 그러나 그 제국을 통치하는 것은 이름 없는 사람 유다인 모르드개였습니다. 그는 유다인에게 존경을 받는 것은 물론이고 다른 민족의 사람들에게도 좋은 지도자로 정평이 나 있었습니다. 모든 민족에게 동일한 기회와 은혜를 베푸는 정치를 했지요. 모르드개의 사심 없는 정치는 아하수에로 왕의 명성에 지대한 영향을 끼쳤고 나라 발전에 큰 공을 세웠답니다. 에스더의 숨은 공력 또한 대단했습니다. 아하수에로 왕의 특별한 사랑을 받으며 모르드개 총리와의 친밀한 관계가 세계 정치에 영향을 끼치고 있었던 겁니다.

아하수에로 왕의 오른팔과 왼팔 역할을 하는 모르드개와 에스더는 그 마음속에 조국의 회복에 대한 열정이 숨겨져 있었습니다. 왕의 심기를 건드리지 않는 가운데 예루살렘 회복에 대한 분위기를 조장하고 있었던 겁니다. 게다가 아하수에로 왕의 뒤를 이어 바사 제국을 통치할 아닥사스다라고 하는 소년과도 친밀한 관계를 형성하면서 훗날을 바라보고 있었지요. 훗날 왕이 될 아닥사스다는 에스더를 어머니라고 불렀답니다. 에스더는 그에게 어머니와 같은 존재였거든요. 아닥사스다는 어머니 에스더로 인하여 유다인에 대한 애정이 남달랐지요. 훗날 그는 왕이 되어 에스라 제사장에게 유다인을 이끌고 예루살렘으로 귀환할 것을 종용했고, 느헤미야를 술 맡은 총리로 임명한 후 그에게 예루살렘 성벽 재건을 위한 권한을 주었답니다.

아하수에로는 모르드개와 에스더 왕비의 지혜와 충성으로 인해 안정된 정치를 해 나갔고 건축 사업에 큰 업적을 남겼지요. 그러나 불행하게도 465년(B.C.), 부림절 사건이 있은 후 9년 정도 지났을 때 궁중 수비대장 아르타바누스(Artabanus)에 의해 암살되었답니다. 그리고 그의 뒤를 이어 「아닥사스다」(Artaxerxes Longimanus/ 465-424 B.C.)가 왕위에 올랐던 겁니다.

역사를 움직이는 건 자리(position)가 아닙니다.
자리에 앉은 사람의 마음을 움직이는 사람이 되는 겁니다.

에스더와 모르드개는 세계사 속에 뛰어난 인물이 아닙니다.

그러나 그들은 세계를 움직일 수 있는 사람,

왕을 움직이고 있었던 겁니다.

그리스도인은 자리 탓을 하는 사람이 아닙니다.

높은 자리에 있는 사람의 마음을 움직이는,

높은 사람이 필요할 때 꼭 찾아야만 하는,

높은 사람이 무엇인가를 결정할 때 답을 주는

「그 사람」이면 되는 것입니다.

믿음의 사람, 바른 사람, 신용 있는 사람, 정직한 사람,

그리고 사심이 없는 사람이면

높은 사람이 찾을 수밖에 없는 주인공이 되겠지요!

이 시대에서 에스더, 모르드개와 같은 역할을 하는 사람 되자구요!

에필로그 _01

가족과 떨어져 있었던 때가 있었습니다.

오랜 기간 떨어져 있었던 것은 아니지만 결혼 초기에 떨어져 있었기에 아주 많이 보고 싶고 힘들었었던 기억이 납니다. 떨어져 있었던 이유는 제가 미국에 유학하기 위해 혼자 온 것 때문이었습니다. 약 4개월 정도 떨어져 있었지요. (겨우 4개월 떨어져 있었던 걸로 힘들다는 표현을 하는 것을 우습다고 하실 분도 있겠지만 신혼 때는 그런 겁니다.) 미국에도 한국 사람이 많았습니다. 교회도 한국 교회를 출석했습니다만 늘 머릿속에는 가족에 대한 그리움으로 가득 차 있었답니다.

어느 날 나이 어린 친구들이 미국 캘리포니아의 산타모니카 해변(Santa Monica Beach)을 데리고 갔습니다. 듣던대로 정말 아름다운 해변이었습니다. 바다 물도 얼마나 깨끗했는지요. 구름 한 점 없는 하늘에는 갈매기들이 춤을 추고 있었고 바다에는 배를 타는 사람, 수영하는 사람, 그리고 아이들과 연인들의 모습이 아름다웠답니다. 해변을 끼고 있는 자전거 전용 도로에서는 자전거 타는 사람은 물론 스케이트를 타는 사람도 많이 보였지요. 영화에서만 볼 수 있었던 해변에서 배구하는 모습도 눈에 들어왔답니다.

점심때가 되어 점심을 먹기 위해 해변에 있는 식당을 들어갔습니다. 식당도 아름다웠습니다. 사람들은 생기가 있었고 음식 냄새는 사람을 흥분시키기에 부족함이 없었습니다. 그런데 저를 놀라게 한 것은 다른 것이 아니라 식탁에 놓여 있는 네프킨(napkin)이었습니다. 정말 예뻤습니다. 아주 컸구요. 그렇게 예쁘고 아름답고 품위 있는 네프킨을 한국에 있을 때는 본적이 없었답니다. 아마 네프킨 값만해도 웬만한 손수건 값 정도 될 거라는 생각을 했을 정도였으니까요. 게다가 얼마나 두꺼웠는지 잘 찢어지지도 않는 겁니다.

종업원에게 한 장을 더 달라고 했습니다. 음식 먹을 때 필요해서가 아니라 한국에 있는 아내에게 보내고 싶어서 그랬답니다. (그 당시는 아내에게 편지를 쓰곤 했는데) 네프킨 위에다가 편지를 써서 아내에게 보내고 싶어서 그런 거였지요. 이렇게 예쁜 네프킨에 편지를 써서 보내면 아내가 분명 특별한 감동을 받을 것이라고 생각했기 때문이거든요!

예쁜 네프킨에다가 편지를 썼습니다. (네프킨 사이즈는 가로 세로 50cm는 족히 되었습니다.) 작지 않은 네프킨이었기에 하루에 쓸 수 있는 글이 아니었습니다. 글자도 아주 작게 썼답니다. 지금 컴퓨터의 폰트로 한다면 10 정도의 크기보다 작게 썼지요. 그러니 얼마나 힘든 작업을 했겠습니까? 글의 내용도 다양했습니다. 모두가 사랑한다는 말을 표현하는 내용이었지만 정말 다양한 사건을 다양하게 표현했답니다. 어느 때는 갈매기 이야기였고 어느 때는 모래를 걷는 이야기, 어느 때는 배를 타는 사람들의 이야기였습니다. 어떤 부분은 자전거 타는 이야기였고 어느 부분은 음식을 먹는 이야기였습니다. 잠자는 이야기, 공부하는 이야기, 영화 본 이야기, 운동한 이야기, 교회 간 이야기, 몸이 아픈 이야기, 약을 사먹은 이야기, 프리웨이(고속도로) 이야기, 장난감 집 이야기... 정말 다양한 이야기로 네프킨을 채웠답니다. 하루에 한 가지나 두 가지씩.

큰 네프킨에 작은 글씨, 그리고 다양한 내용들은 아내에게 감동을 주기에 충분했습니다. 그런데 거기서 그치질 않고 나는 또 다른 감동 작품을 만들었답니다. 글이 써있는 네프킨을 펼치면 한 눈에 아내의 이름과 사랑한다는 말이 드러나도록 글자에 색을 넣은 겁니다. 정말 대단한 공을 들었답니다!

네프킨에 쓰여진 편지는 아주 조심스럽게 포장되었답니다. 우체국에 가서도 결코 잃어버릴 수 없고 분실될 수 없는 우편을 사서 한국에 있는 아내에게 전달 되게 했답니다. 정말 분실되면 안 되는 거였거든요! 편지를 보내고서도 제대로 갔을까 하면서 얼마나 마음이 조렸는지 모릅니다. 아내가 그 편지를 받으면 얼마나 좋아하고 행복해 할까 하는 생각으로 가득 찼습니다. 우선은 평생 처음 보는 아름답고 예쁜 네프킨에 놀랄 것이 분명했습니다. 그 위에 깨알 같은 글씨를 보면서도 분명 놀랄 겁니다. 아니 네프킨을 펼치자마자 한 눈에 들어오는 색깔 글씨에 감동할 것이 분명했답니다. 나는 아내가 감동하는 모습을 보면서 행복해 하고 있었답니다.

아내는 네프킨에 쓴 특별한 편지를 펼칠 때부터 엄청 감동했습니다. 우체부에게서 편지를 받는 것도 사랑을 받은 겁니다. 편지 봉투에도 사랑이 묻어 있음을 느꼈지요. 편지 봉투를 조심스럽게 뜯어 글이 네프킨에 쓰여진 거라는 것에 남다른 사랑을 느꼈답니다. 네프킨을 만질 때는 나의 사랑을 만지는 거였습니다. 그걸 펼치는 순간 또 다른 감동을 했을 겁니다. 그 안에 색깔로 크게 적혀진 사랑한다는 말에도 감동을 했을 것이지요. 내용을 읽기도 전에 이미 사랑을 느끼고 사랑에 감동을 하고 있었답니다. 그런데 잊을 수 없고 잊혀지지도 않는 것은 작을 글씨들이었답니다. 아내는 그 큰 네프킨에 적힌 깨알 같은 글씨들을 하나도 빼놓지 않고 읽은 겁니다. 한번만 읽지 않았습니다. 대충 읽지도 않았습니다. 생각하고 또 생각하며 읽었답니다.

네프킨에 쓰여진 글은 문법적으로 맞지 않는 글이었습니다. 맞춤법도 많이 틀렸고 띄어쓰기도 엉망이었습니다. 앞의 내용과 뒤의 내용이 연결이 안 되는 것이 한두 군데가 아니었습니다. 논리도 없었습니다. 게다가 내용도 왜 그리 길었는지 모릅니다.

제 아내는 대학을 다닐 때 문학을 전공한 문학도였습니다. 글에 대해서는 까다로운 사람입니다. 그런데 그런 제 아내에게 제가 보낸 엉망의 문체는 하나도 중요하지도 않았고 흠이 되지 않았답니다. 마냥 좋은 겁니다. 그리고 맞지 않는 문법과 맞춤법, 엉망인 띄어쓰기, 연결 안 되는 논리성과 앞뒤 문맥이었습니다만 남의 글에는 그리도 까다로운 아내였지만 제가 보낸 졸작의 글에는 이런 것이 눈에 들어오질 않았습니다. 전혀, 아무런 문제가 되질 않는 겁니다. 아니 그런 것이 발견되면 의미가 있을 거라고 하면서 더 깊게 생각하더라는 겁니다. 사랑 때문이었습니다. 자기에게 글을 보낸 사람의 마음을 알고 있기 때문이었습니다.

성경, 하나님께서 당신의 형상대로 만들어 눈에 넣어도 아프지 않은 사랑의 대상인 사람에게 보낸 편지랍니다. 아주 긴 내용입니다. 작은 글씨입니다. 복잡하답니다. 어느 경우는 논리를 찾기가 힘듭니다. 앞뒤가 연결되지 않는 부분이 발견됩니다. 그런데 그 분이 보낸 성경의 내용은 하나랍니다. 사랑입니다. 한 가지 주제입니다. '내가 너를 사랑한다!' 는 거지요!

제가 아내에게 네프킨이라는 멋진 종이(?)에, 작은 글씨로, 색깔을 넣으면서, 가장 안전한 우편을 통해 편지를 보냈는데 제 아내가 전부 읽어 보았을까 하는 의심을 하지 않았습니다. 분명히 읽을 것이라고 믿었답니다. 아내는 나를 사랑하니까요.

하나님께서 천 년 하고도 수백 년 동안 수십 명의 사람들을 감동시키셔서 나를 향한 사랑의 글을 쓰시고 지금 나의 손에 전해지게 하신 편지, 그것을 내가 읽지 않을 것이라고 생각하지 않으시겠구나 하는 생각을 한 겁니다. 반드시 읽고 또 읽고 의미를 생각하고 감동하고 있을 거라고 생각하실 것이고 그걸 의심하지 않으실 거라는 생각이 든 겁니다. 내가 늘 말하는 것처럼 나는 하나님을 사랑한다고 말하는 사람이니까요!

내 아내가 나의 편지를 그리도 좋아하면서 읽고 또 읽는데 난 하나님의 편지인 성경을 왜 그리 읽지 않았는지 생각이 들었습니다. 나는 하나님을 사랑하고 하나님께서 나를 사랑하심을 믿는다고 하면서도 하나님이 보내신 사랑의 편지, 성경을 너무 소홀히 대하더라는 거였지요. 제 아내는 제가 보낸 네프킨 편지를 귀하게 여기고 시간 날 때 마다 펼쳐보고 그

안에 적힌 이야기를 평생을 하고 있는데, 아이들 앞에서도 자랑하고 있는데 나는 내가 사랑하는 하나님께서 보낸 글인 성경을 자랑하지도 않고 읽지도 않고 내용도 모르고 있더라는 겁니다.

하나님 앞에 설 날이 가까워 오고 있는데... 얼마 후에 그 분 앞에 섰을 때 하나님께서 "내가 보낸 사랑의 편지를 잘 읽어 보았니?"라고 묻는다면 뭐라고 대답할 것인지 망막한 겁니다. 열심히 일했다 하더라도, 크고 위대한 일을 했다 하더라도 그런 것으로 하나님의 마음에 기쁨 드리지 못할 것 같았습니다. 하나님 앞에서 "당신께서 보내신 편지, 너무 감동이었습니다."라고 할 때 편지 보내신 하나님의 마음 흐뭇하시지 않으실까 하는 생각이 드네요.

제 아내를 몇 달 만에 만났을 때 제가 보낸 편지가 고마웠다고 말하더라구요. 그리고는 이내 이런 내용, 저런 내용을 소상히 말할 땐 얼마나 행복하고 기뻤는지 모릅니다. 저를 기쁘게 하기 위해 돈 벌어 놓았다는 말도 중요하지 않습니다. 저를 위해 요리를 배웠다는 것도 고맙긴 하지만 우선이 아닙니다. 저를 위해... 저를 위해... 어떤 것도 중요하지 않습니다. 저를 기쁘게 하는 건, 제가 기대하는 건 제 마음을 알고 제가 그리도 정성들여 쓴 편지를 읽었느냐 듣고 싶은 거였답니다. 하나님께서도 그러시겠구나 하는 생각 들었답니다. 아니 분명 하나님도 그러실 겁니다.

성경을 읽었습니다. 빨간 줄 그으면서 읽었습니다. 파란 색연필로 네모를 치면서 읽었습니다. 노란 색으로, 초록색으로, 분홍색으로 이런 표시 저런 표시하면서 읽고 또 읽었습니다. 나만이 아는 색깔 표시랍니다. 아니 하나님과 나 둘만이 아는 표시입니다. 이해가 안 되는 부분도 무척 많았습니다. 그래도 그 속에 숨겨진 속사랑이 분명 있을 거라는 생각으로 읽었습니다. 앞뒤가 연결 되지 않는 어색한 부분도 있었습니다만 그 연결은 다른 곳에 분명 숨어 있을 거라는 확신으로 읽었답니다. 어느 경우는 속상한 글도 있었고 어느 경우는 감동스런 글도 있었습니다.

사랑에 감동해서 빨간 표시 한 겁니다. 지은 죄 용서 받은 은혜에 파랑색 표시했습니다. 지은 죄 생각하며 하나님 마음 아프게 한 걸 생각하며 노란색 표시 했습니다. 하나님 섬기는 일 발견하고 고동색 표시했답니다. 하나님 하시는 일 발견하고는 초록색 표시 했답니다. 천국 생각하고는 보라색 표시했구요.

여기저기 하나님 사랑 쓰여 있기에 자꾸만 읽고 또 읽는 거랍니다. 전에는 몰랐는데 하나님의 사랑이 묻어 있는 걸 알겠더라는 거지요. 아니 전에는 희미하게 알던 사랑이 이젠 확실해 지는 겁니다. 읽을수록 재미있네요. 지루하지도 않는 겁니다. 이해 못해 짜증난 것도 없습니다. 너무 길다고 속상한 적도 없습니다. 읽으면 좋은 겁니다. 읽으면 힘이 나는 겁니다. 읽다가 눈물이 나서 성경책에 떨어지면 성경책 상할까봐 얼른 닦고 또 읽었답니다. 하나님이 보낸 편지잖아요!

누군가가 사람은 사랑으로 산다고 했던가요? 사랑은 생명력이 있다는 말이겠죠. 그래서 사랑은 지친 사람을 일으켜 세워 주는 힘이 있고 사랑은 살 용기를 불어 넣어 주는 것이고 사랑은 살 이유를 주는 것이겠죠. 그 생명력 있는 사랑이 성경에 있는 겁니다. 전에는 사람에게 사랑 찾아 힘을 얻어 보려고 했었답니다. 그것도 중요하지만 오래 지속되지는 못했는데 성경을 읽으니 그 안에 하나님의 사랑이 기름처럼 흐르고 있는 겁니다. 오늘도 그 사랑으로 인생을 지탱하면서 살아간답니다.

그리도 오래 교회 다녔는데 성경을 잘 모르는 게 부끄러운 겁니다. 껍데기는 아주 괜찮은(?) 교인인데 속에는 성경이 없으니 속빈 강정이랍니다. 성경을 모르니 교회 다니는 재미(?)를 알 턱이 없는 겁니다. 그냥 종교생활 한 거였죠. 이제 발견한 겁니다. 은혜지요. 그래서 이젠 허울 좋은 교인이 아니라 겉모습은 초라해도 속에는 성경으로 가득 채우다가 주님 앞에 가서 보여 드리고 싶네요. 오늘도 그 마음으로 내게 보내 주신 사랑의 편지를 펼칩니다. 가슴이 뛰네요!

에필로그 _02

교회가 좋았습니다. 어려서부터 교회에서 자랐고 교회에서의 생활에 익숙했습니다. 게다가 할아버지도 부모님도 내가 목사가 되기를 원하신다는 말씀을 많이 하셨고, 나 역시 거부하지 않았습니다. 그렇게 목사가 된 사람입니다.

신학대학 생활... 만족스럽진 않았습니다만 그래도 목사가 되려면 거쳐야 하는 과정이기에 꾹 참고 견뎌냈습니다. 대학원도 다녀야 한다기에 그렇게도 했습니다. 한번은 목사가 하기 싫은 적도 있었습니다. 아니 어려서부터 목사가 안 된다면... 하면서 나름대로 하고 싶은 일을 생각해보기도 했었죠. 꼭 두 가지를 하고 싶었는데 그 중 하나는 정치였습니다. 정치가 뭔지 알아서 그랬던 것 같지는 않습니다. 어린 시절 선생님으로부터 들었던 훌륭한 인물들 중에는 항상 정치가들이 많았기 때문이었겠죠. 하여간 정치를 하고 싶다는 마음은 오래갔고 또 정치가로서 활동하는 제 모습을 그려보기도 했답니다. 하고 싶었던 또다른 일은 자동차를 정비하는 일이랍니다. 이상하지요? 정치와 자동차 정비는 어울리지 않는데 말입니다. 하여간 자동차 밑에 들어가 온몸에 기름때를 묻히며 일하는 모습이 멋있어 보였고 정밀하게 일하는 아저씨가 멋있어 보였답니다. 그런 나의 모습을 그려보기도 했답니다. 그런데 정치가 근처에 가보지도 못했고 자동차 정비사 옆에도 가보지 못했답니다. 그런 것과는 전혀 상관없는 목사가 되었답니다.

신학대학을 졸업했지만 전도사로 사역하지 못했습니다. 제법 오래되고 큰 교회에 출석하였는데 워낙 재주가 없으니 담임 목사님으로부터 전도사로 추천 받지 못했던 것 같습니다. 친구들은 학교 다닐 때부터 전도사로 열심히 일하면서 교회에서 사례금도 받았지만, 제게는 졸업한 후에도 그런 기회가 주어지지 않았답니다. 전도사로 사역하지 못하는 게 억울하진 않았습니다. 단지 걱정거리였을 뿐입니다. 여기엔 이유가 있었습니다.

저는 군목 후보생이었는데 군목으로 가려면 3년 간의 전도사 경력이 필요했습니다. 그런데 그 경력을 쌓을 교회가 없어서 속이 많이 상했답니다. 결국은 어떤 작은 개척 교회에 평신도라고 하면서 목사님을 속이고(?) 다녔습니다. '몇 년 다니고 난 후에 나의 불쌍한(?) 처지를 말씀드리면 목사님도 이해해 주시지 않을까?' 하는 기대로 그런 짓을 했습니다. 그러나 결국 그 교회에서 오래 있질 못했습니다. 2년 있었나 봅니다. 그러고는 교인이 대여섯 가정 정도밖에 안 되는 더 작은 교회로 갔습니다. 그 교회에서는 목사님께 솔직히 말씀드렸습니다. 그랬더니 흔쾌히 도와주시겠다고 하더라구요. 무척 고마웠답니다. 군목으로 갈 수 있는 길이 열렸기 때문입니다. 그렇게 비참한(?) 시간들을 보냈답니다. 신학교 졸업 후 3년을.

군목으로 가는 일은 조금 찜찜했습니다. 첫째는 자신감이 없었고, 둘째는 아직도 사명감이 없었기 때문이었습니다. 친구들은 사명, 사명하면서 의지가 대단한데 난 그렇지가 않았습니다. 솔직히 군목으로 가면 사병으로 가는 것보다 훨씬 편하기 때문에 좋아하고 있었을 뿐입니다. 그러나 편한 건 편한 건데 뭘 해야 하는지 자신이 없었습니다. 그래서 일 년 먼저 군목으로 간 친구를 찾아갔답니다. 그리고는 물었습니다. 어떻게 주일 설교, 수요예배 설교, 심방 설교, 새벽 기도 설교를 다 하느냐고? 그 친구 대답은 걸작이었습니다. 성령님이 능력을 주시면 다 하게 된다고... 난 목사 안수 받으면 정말 그렇게 되는 줄 믿었답니다. 바보같이...

훈련을 받고 군목으로 갔습니다. 중부 전선이었습니다. 중위 계급장 달고 목사랍시고 일을 시작한 겁니다. 괜찮더라구요. 일단은 매달 월급 받는 게 아주 좋았습니다. 그때까지 내 힘으로 돈을 벌어 본 적이 없었습니다. 게다가 군대 교회인데도 군대 월급 말고도 목회 사례비라고 해서 돈을 주었습니다. 참 좋았습니다. 어떤 교회는 군 선교비라고 해서 돈을 보내기도 했습니다. 사실 군대 월급만으로도 괜찮았는데 이래저래 목사랍시고 돈을 주니 고맙기도 하고 미안하기도 하고... 물론 좋은 일에도 많이 썼지요.

교회도 아담해서 좋았구요, 내 개인 사무실이 있다는 것도 좋았답니다. 어느 큰 교회 목사님이 부럽지 않았습니다. 나보다 계급이 높은 사람들도 저를 성직자라 해서 잘 대해 주는 것 또한 특권이었답니다. 그런 것 때문에 '평생을 군목으로 지낼까?' 하는 생각도 여러 번 해보았답니다. 사명 때문이 아니라 편리함 때문에...

설교는 정말 부담스러웠습니다. 설교만 없으면 군목이라는 것 괜찮은 건데... 친구가 목사 안수 받고 군목으로 오면 성령님께서 능력을 주셔서 설교도 뭐도 다 잘하게 된다고 했는데 (정말 그렇게 믿었었답니다) 난 그게 아니었습니다. 두 번째 설교까지는 잘한 것 같았습니다. 그런데 세 번째부터는 할 말이 없었답니다. 그렇게 두꺼운 성경책인데도 제겐 본문 찾는 것도 어렵고 본문을 찾아도 내용을 만들기도 무척이나 어려웠습니다. 제목을 정하는 것조차도 노동이었습니다. 일주일 내내 '어떤 본문을? 어떤 내용을? 어떤 제목을?...' 이런 것들이 큰 고민거리였고 이는 점점 공포의 작업으로 느껴졌습니다. 친구가 말한 성령님이 도와주신다는 건 적어도 나에겐 새빨간 거짓말이었답니다.

그래도 어김없이 찾아오는 게 주일이었습니다. 미칠 것 같았답니다. 그래서 훌륭한 그리고 유명한 목사님들이 펴낸 설교집을 뒤지기 시작했습니다. 신학교 다닐 때 종종 친구들과 나누던 말이 있었습니다. '설교 표절' 이라는 말... 그리고 남의 설교를 표절하는 목사들은 나쁜 놈들이라고 했었답니다. 그런데 이젠 표절, 아니 그대로 베끼지 않으면 죽을 것 같았답니다. 그래서 설교를 베끼기 시작했습니다. 양심은 괴로웠지만 성도들에겐 오히려 잘 된 일이라 생각했답니다. 성도들도 제 (베낀 남의) 설교에 은혜를 받기도 했답니다. 나 역시 내가 작성한 설교인 것처럼 폼을 잡고 설교했구요.

그런데 매 주일 남의 설교를 베끼는 것도 보통 문제가 아니었습니다. 보통 30분가량의 설교 원고를 베끼려니깐 적어도 2~3시간은 족히 걸리는 것은 물론이고 얼마나 힘들고 귀찮았는지... 그래서 아주 쉬운 방법을 찾아냈습니다. 설교집의 한 편을 복사하는 방법이었습니다. 시간도 절약되고 에너지도 절약되서 그렇게 했답니다. 그래서 내 설교(?)는 내용이 그런대로 괜찮다는 소릴 들었답니다.

그런데 한번은 큰 실수를 했습니다. 복사를 잘했어야 하는데 종이를 아낀답시고 앞뒤로 복사하다가 그만 한 페이지를 빼먹고 복사를 한 거지요. 그나마 복사한 걸 한번만이라도 읽고 강단에 올라갔으면 되는데 읽지도 않고 올라간 게 탈이었습니다. 그러니 잘 읽어내려가다가 빠진 부분에 가서는 매우 당황했답니다. 소위 말하는 개망신이라고나 할까요. 설교, 무척이나 어렵더라구요. 이렇게 평생 동안 설교할 생각하니 끔찍했습니다.

그러던 가운데 전방 부대 2년의 근무를 마치고 군 병원으로 옮기게 되었습니다. 병원에서는 별로 할 일이 없었습니다. 일단 병원이 아주 작은았고 환자들도 많지 않았습니다. 군의관들, 간호사들 또한 그리 바쁘지 않은 병원이었죠. 정말 심심한 근무지였답니다. 그곳의 믿음 좋은 군의관들과 간호사들은 목사가 왔으니 일주일에 한번씩 성경을 공부하자고 했습니다. 자신들도 무료한 시간들을 말씀 배우는 시간으로 채우고 싶다는 겁니다. 나 자신도 뭔가를 해야겠기에 그렇게 하겠다고 대답했습니다.

문제는 무슨 공부를 하느냐는 거였습니다. 사실 나는 목사가 되면 써먹기 위해 이렇다할 성경 공부 과정은 대부분 이수해 놓았었답니다. 소위 말하는 벧엘 공부, 크로스 웨이 공부, CCC 공부, 젠센 공부... 그런데 막상 사람들을 가르치려니 두려웠지요. 준비는 했지만 경험이 없었기 때문이었습니다. 과정을 이수하긴 했는데 내 속에 생명력이 있는 게 아니었거든요. 그야말로 목사라는 직업에 충실하려면 이 정도는 해 놔야겠다는 필요에 의해서 열심히 했을 뿐이었습니다. 하여간 그리 많은 교재가 있는데도 자신이 없었고 문제는 군의관들과 간호사들이 교재가 아닌 성경책으로만 공부를 하자는 거였습니다. 그것도 구약을 말입니다. 구약 중에서도 역사서를.

군병원에서의 성경 공부는 사무엘부터 시작되었습니다. 한나가 기도해서 사무엘을 낳은 이야기부터 시작했습니다. 저는 어려서부터 교회 속에서 자랐기 때문에 성경을 많이 알고 있다고 생각했었습니다. 대부분 교회학교 선생님들에게 들은 이야기였고 집에서 들은 이야기였던 거지요. 그런데 막상 사무엘상을 읽어 가는데 왜 그렇게도 모르는 부분들이 많던지… 대부분을 모르겠더라구요. 아주 적은 부분만을 알면서, 그것도 대충… 성경을 잘 안다는 착각 속에 있었던 나였음을 발견했습니다. 하여간 문제에 부딪친 겁니다. 그 머리 좋은 의사들과 간호사들에게 성경을 가르쳐야 하는데 내 자신이 아는 게 없는 겁니다. 너무 두려웠습니다. 가르치다가 개망신 당할까 봐.

설교도 어려웠지만 (계속 베껴야 했으니까요) 성경을 가르치는 건 더 두려웠답니다. 그래서 내 마음은 엄청난 죄책감과 목회에 대한 공포, 해야 하나 말아야 하나 하는 갈등들이… 쏟아져 내리기 시작한 겁니다. 그러다가 기도를 시작했습니다. 하나님께 물어보고 도움을 구하기로 작정한 겁니다. 남들은 주님의 음성을 듣고 목사가 되었다고 하는데 나에겐 그런 것도 없고 어떤 이는 특별한 사명이 있다고 하면서 용감히 사역을 하는데 나는 사명이란 게 뭔지도 모르고 있고 (물론 남에게 말할 때는 복음을 위한 불타는 사명이 있다고 했습니다만…) 그저 목사가 된 게 어려서부터 되고 싶어서 된 것이고 학교 다닐 때 갈등은 있었지만 군목이라는 편리함 때문에 갈등의 양심을 버리고 목사가 되었을 뿐이었습니다. 그런데 이젠 그게 아닌 겁니다.

성경을 모르고 목회를 한다면 그야말로 사기꾼이라는 생각이 든 겁니다. 평생 남의 설교나 베끼고 남이 만들어 놓은 책으로 성경 공부를 가르치면서 그걸 내 것인 양 큰 소리를 칠 생각을 하니 자신이 얼마나 한심스러웠던지요. 정말 한심한 존재였답니다.

"하나님... 성경이 송이 꿀보다 달다고 하셨죠? 나에겐 송이 꿀이 아니라 정말 재미없는 책입니다. 억지로 읽을 뿐입니다. 무슨 말인지 정말 모르겠습니다. 어떤 사람은 성경을 보면 하나님의 음성을 듣는다고 하는데 난 성경을 보면 졸음만 옵니다. 성경이 당신의 말씀이라고 하셨잖습니까? 나에게도 성경이 재미있음을 알려 주십시오. 그래야 설교를 하든 성경 공부를 하든 목회를 하든 할 게 아닙니까? 제가 2년 간 열심히 읽을 테니 알아서 하십시오." 그런 기도였답니다. 성경을 열심히 읽어도 여전히 무슨 말인지 모르겠고 재미가 없다면 군목을 제대한 후에 목회를 관둘 생각이었습니다.

특별하게 할 일 없는 군 병원의 목회 생활이었기에 성경 보는 일에 목숨을 걸기로 마음먹었습니다. 아침 출근 시간은 8시, 퇴근 시간은 5시, 적어도 하루 6~8시간씩 성경을 파기 시작했습니다. 많은 분량을 읽지 않았습니다. 이해가 되지 않는 부분은 그냥 넘기지 않고 판 겁니다. 이해되지 않으면 주석을 많이 참고했습니다.

정말 많은 도움이 되더군요. 신학교 다닐 땐 숙제하기 위해서만 보던 책들인데... 정말 열심히 성경을 읽었습니다. 지금까지 알고 있던 이야기들이라 하더라도 정말 그런가 하면서 진지하게 확인하면서 읽었답니다. 성경이 졸지에 여러 가지 색깔로 줄도 그어지고 네모도 만들어 지고 혹은 읽다가 깨달은 것을 잊지 않기 위해 옆에다 적어 놓다 보니 지저분해지고 있는 거였습니다. 그렇게 몇 달이 지나는 동안 성경이 재미있어지는 겁니다. 은혜가 되기 이전에 재미있었습니다. 성경을 정말 재미있게 읽고 재미있게 연구하기 시작한 겁니다.

그렇게 2년을 지내는 동안 성경은 어느새 나의 손에서 뗄 수 없는 책이 되고 말았답니다. 아니 내 몸의 한 부분이 되어 있었답니다. 그리고 그 말씀은 제게 생명이 되었던 겁니다. 성경이 하나님의 말씀임이 몸속에서 느껴지고 있었답니다. 언제부터인지는 모르겠습니다만 성경을 읽으면 "그렇습니다!"하는 소리를 연거퍼 내뿜었답니다. 성경을 읽다가 손바닥과 무릎을 치기도 하구요, 너무 기가 막힌 것(내가 모르던 것이겠죠...)을 발견하면 숨이 막혀 더 이상 읽을 수가 없어서 서성거리는 경우가 한두 번이 아니었답니다. 많이 울었습니다. 너무 좋아서 말입니다. 하나님의 은혜가 주렁주렁 발견될 때마다 감동 그 자체였습니다. 시편 기자가 그랬나요? 주의 말씀은 송이 꿀 보다 달다구요? 정말이었습니다.

읽고 깨달은 말씀을 그대로 전해보았습니다. 설교 때든 성경 공부할 때든... 다른 교재가 필요 없었답니다. 성경만을 읽는데도 나는 물론이고 모두들 좋아하는 겁니다. 그래서 신났지요. 성경을 읽어 가면서 그 주인공은 바로 "나"였답니다. 내가 하나님의 지음 받은 사람이고, 내가 타락한 사람이고, 내가 죄로 범벅된 사람이고, 내가 고멜이고, 내가 요나이고... 또한 내가 아브라함이고, 내가 모세이고, 내가 노아이고, 내가 다윗이더라는 거였죠. 내가 밧세바이고, 내가 아모스이고... 내가 느부갓네살이고, 내가 다니엘이고... 내가 베드로이고... 내가 주인공이었습니다. 내가 잘못된 주인공일 때 지켜보고 계시고 기다리시고 찾아와 주시는 주님을 만날 수 있었구요, 내가 잘하는 주인공일 때는 매우 기뻐하시고 좋아하시는 주님을 알 수 있었답니다. 주님의 진하게 흐르는 사랑과 은혜... 그게 성경이었답니다.

세상의 무수한 책들... 기독교 서적이라는 거 말입니다. 전에는 그걸 많이 읽으면 괜찮은 사람처럼 보였었습니다. 기독교 서적을 많이 인용하면 공부를 많이 한 목사처럼 보였었답니다. 서점에 최근 발표된 책이 어떤 것인지를 누구보다도 빨리 알아서 말하는 것이 앞서가는 사람인줄 알았답니다. 그래서 그걸 흉내내기 위해 얼마나 많은 거짓 행위를 했었는지요... 하지만 이젠 해방되었답니다. 많은 책을 읽는 것도 중요하지만 성경 속에서 풍요함을 누리지 못하면 그야말로 모래 위에 집을 짓는 장난에 불과하다는 것을... 성경 속에서의 행복을 모르고 수많은 책을 뒤지는 일만큼 자신을 피곤하게 하는 일이 없을 거라는 것을...

다른 책... 좀 몰라도 되더라구요. 그러나 성경 속에서 춤추지 않으면 말씀을 전하고 나서도 허탈하더라구요. 그런데 성경을 이야기하면 서투른 설교라도 하나님께 감사가 되더라는 겁니다. 기가 막히게 좋은 문구들을 찾는 일도 하지 않기로 했습니다. 알지도 못하는 사람의 이름을 들먹거리면서 마치 많이 공부한 사람처럼 보이는 위선은 떨지 않기로 했습니다. 깊은 생각을 남보다 많이 하는 것처럼 보이는 어려운 표현도 사용하지 않기로 했습니다. 그냥 성경 말씀을 이야기하기로 했습니다.

성경 속의 이야기만 하더라도, 아니 성경만을 이야기할 때 성령의 역사가 가장 확실하게 나타남을 알았기 때문입니다. 성경은 성령께서 쓰신 글이기 때문입니다. 하나님에게는 천년이 하루 같다고 하셨나요? 그래서 표현하고 싶은 말이 있습니다. 성경은 아직 잉크도 마르지 않은 하나님이 보낸 연애편지라고.

군대를 제대하자마자 미국으로 건너왔습니다. 아무런 이유도 없이 미국에 오게 된 겁니다. 몇 달만 미국을 구경하려는 생각이었습니다. 그런데 어쩌다가 십수 년이 지나고 말았습니다. 십수 년... 학교에서 공부하면서도 성경에 대한 재미 때문에 성경만 보게 되더라구요. 사역을 하면서도 성경만 보게 되더라는 겁니다. 그리고 읽은 성경... 늘 그랬던 것처럼 신앙의 형제들과 나누었답니다. 그런데 성경만을 이해하기 위해 주의 깊게 보는데 많은 은혜를 경험하는 게 아니겠어요!

벌써 성경을 통해 주님의 마음을 헤아린 지도 오래되었네요. 지금도 계속하고 있답니다. 물론 주님 부르실 때까지 이 은혜를 계속 유지하려고 합니다. 새벽 기도가 끝나면 잉크도 마르지 않은... 주님의 숨소리가 느껴지는 성경을 펴고 세 시간, 어느 경우는 네 시간, 옮겨 보고 또 옮겨 보다가 이렇게 책이 되었답니다.

그 제목... 이야기 성경? 성경 이야기? 아무래도 매끄럽지 않기에 남침례교신학교(The Southern Baptist Theological Seminary)에서 논문을 쓴 제목이 좋아 보여 그대로 하기로 했답니다. 비블리컬 스토리텔링(The Biblical Storytelling)이라고...

에필로그_03

목사가 되면 책을 많이 읽고 책을 좋아해야만 하는 줄 알았습니다. 어려서부터 목사는 책을 가까이에 두어야 한다는 선입관을 가지고 있었기 때문에 나도 목사가 되면 그렇게 될 거라고 믿고 있었답니다. 목사님의 집이나 사무실에 가면 여러 권의 책과 책이 한가득 꽂힌 책장을 배경으로 한 목사님의 사진도 볼 수 있었습니다. 그래서 목사님들은 책을 많이 읽는 분들이라는 생각을 자연스럽게 했답니다. 앞으로 나도 목사가 되면 많은 시간을 책과 함께 할 거라고 생각했습니다. 목사님의 집에 진열된 책들은 아주 멋있어 보였습니다. 단행본도 많았지만 특별히 눈에 띄었던 것은 만만치 않은 두께로 같은 디자인에 제목이 다른 여러 질의 전집들이었습니다. 목회를 할 때 꼭 필요한 전집들이라고 생각했답니다. 그래서 나도 목사가 되면 목회에 절대적으로 필요한 전집을 책장 가득히 채우겠다고 생각했습니다.

괜찮은 목사가 되기 위해서 신학교 때부터 기독교 서점에 드나드는 것을 아주 중요한 일 중 하나로 여겼답니다. 나름대로 열심히 책을 사서 날랐습니다. 돈이 있어서 샀던 것도 꼭 읽으려고 샀던 것도 아닙니다. 혹

날 내 사무실과 서재에 꽂아둘 책을 준비하는 거였습니다. 책을 사면서 미래를 그려 보기도 했답니다. 사무실의 사방은 책으로 꽉 채워진 책장이 둘러져 있고 한 켠에 놓여진 나무 책상과 사장님이 앉는 편안한 의자에 앉아 있는 제 모습을 상상하면서 말입니다. (책이 없는 사무실과 목사는 상상해 본 적이 없는 것같습니다.) 어느 경우에는 읽지도 못하는 영어로 된 책도 샀습니다. 소위 원서라고 하는 것들입니다. 영어나 독일어로 된 책을 읽은 수준 높은 목사로 보이고 싶어서였습니다. 열심히 사서 모은 책들이 작은 제 방의 책장에 한 권 한 권 채워져 가는 걸 보면 뿌듯하고 자랑스럽기까지 했습니다. 그렇게 해보지 않은 사람은 그 맛을 모를 겁니다. 책이 늘어나는 만큼 내 지적 수준도 높아진다고 생각하여 그것을 증명이나 하려는 듯 책을 열심히 구입했던 겁니다. 책의 노예가 되어 부지런히 살았던 것 같습니다.

신학대학 다닐 때는 대부분의 친구들이 그랬던 것처럼 돈이 정말 없었던 때입니다. 그런데도 책을 사고자 하는 욕심은 왜 그리 많았는지 모릅니다. 교수님들이 가끔 강의하시다가 밥을 굶어가며 책을 사서 보았다는 얘기를 들으면 왠지 멋있어 보였습니다. 그래서 교수님을 흉내 내며 책을 사기 위해 끼니를 거른 적이 한두 번이 아니었답니다. 그 경험 덕분에 얼마 전까지만 해도 사람들과 이야기할 때 나도 젊었을 때는 책을 사기 위해 굶은 적이 있다고 말하면서 묘한 자부심을 느끼곤 했답니다.

제 사무실은 작습니다. 방이 작기에 몇 권 안 되는 책이지만 제 방은 책으로 꽉 채워져 있답니다. 다른 목사님들보다 상대적으로 적다는 걸 알지만 그래도 제 수준에는 처분하기 곤란할 정도로 많은 책이 꽂혀 있습니다. 그런데 지금은 책이 많아서 행복하기보다는 꽂혀진 책들이 날 비웃고 있다는 생각이 들 때가 있답니다. 여러 권이 꽂혀 있지만 읽은 것은 별로 없거든요. 다 폼으로 꽂혀 있는 것입니다. 그렇다고 완전히 폼만은 아닙니다. 읽긴 읽었습니다마는 어떤 건 서문, 어떤 건 제목, 어떤 건 대충대충 한 10분 안에 읽은 책도 있고, 전혀 읽지 않은 책들도 수두룩하답니다. 정말 신중하게 읽은 책은 거의 없답니다. 전집은 정말이지 폼, 그 자체뿐이었습니다. 그래서 책장에 꽂혀 있는 책들이 부담스럽기까지 했습니다.

가끔 제 방을 방문한 학생들, 청년들 혹은 성도들은 전에 내가 느꼈던 것처럼 '목사님이니까 당연히 책이 많구나' 라고 생각하는 눈치입니다. 그러면서 할 말이 없을 때 혹은 기분이 좋으라고 '목사님은 책이 많으십니다' 라고 말한답니다. 저는 책을 많이 읽은 목사로 인정한다는 말을 듣는 것 같답니다(착각이겠지만). 그런 말을 들을 때면 전에는 우쭐했는데 언제부터인가 부담스러웠습니다. 사실 읽은 책이 아니라 폼으로 꽂혀 있는 책이 대부분이기 때문입니다. 성도들이 생각하는 것처럼 책을 많이 읽은 목사가 결코 아니라는 생각에 괴로웠거든요. 어떤 성도는 존경하는 마음(?)으로 이렇게 말한답니다. "목사님, 책이 무척 많네요. 책이 이렇게 많은 것을 보니 목사님은 공부를 많이 하시는가 봐요. 목사님들은 책을 많이 읽으신다고 하더라구요." 거기까지만 하면 되는데 정말 대답하기 곤란한 질문을 한답니다. "목사님, 이 많은 책들을 다 읽으셨어요?" 미칠 것 같은 질문입니다. 뭐라고 대답해야 좋을지 모르기 때문입니다. 솔직하게 대답하자니 창피하고, 읽었다고 하자니 목사라는 놈이 별거 아닌 일로 거짓말한다는 양심의 가책 때문에 괴로운 겁니다. 또한 책을 많이 읽은 괜찮은 목사로 생각하고 있는 성도를 실망시키고 싶지 않다는 생각도 들기 때문입니다. 사실 그렇게 생각해 주기를 은근히 바라는 마음도 있구요, 그래서 엉거주춤 대답하곤 했답니다. 필요한 건 읽고 읽지 않은 책들도 있다고. 성도는 그렇게 말하는 목사를 겸손하다고 여겨 안 읽은 책도 있다는 말을 대부분은 읽었고 몇 권은 읽지 않았을 거라고 생각하고 점수를 후하게 주었겠지요. 그런 면으로는 성도들에게 무척이나 고맙답니다.

목사님들의 사례비 항목을 보면 반드시 도서비가 있습니다. 아주 중요한 항목입니다. 어느 교회나 꼭 있습니다. (제 개인적 경험으로는 이 도서비 항목이 없는 교회는 본 적이 없습니다.) 교회에서 그런 돈을 책정한 것은 책을 많이 읽고 목회와 설교를 잘 하라는 뜻인 줄 압니다. 교회도 목사는 책을 많이 읽어야 하고, 책을 많이 읽는 사람으로 인정해 주기 때문에 세운 항목이겠죠. 참으로 고마운 항목이랍니다. 저도 받고 있는데 이 항목의 돈이 얼마나 부담스러운지 모릅니다. 왜냐하면 교회에서 정해 놓은 도서비 만큼 책을 사 본 적이 한 번도 없기 때문입니다. 적어도 제게는 말입니다. (혹 이 고백을 읽으시면서 다른 목사님도 그렇다고 생각하시면 오해입니다. 이 글은 제 경우에만 해당하는 겁니다.) 양심에 거리낌이 있어서 교회에서 주는 도서비 항목의 액수만큼 책을 사려고 살만한 책들을 찾아본 적도 여러 번 있었습니다만, 저는 교회에서 주는 도서비 만큼의 책을 산 적이 없답니다. 아니 사고 싶지 않아서가 아니라 사고 싶은 책을 고를 수 없었기 때문이랍니다. 얼마나 많은 도서비를 주었기에 그러냐구요? 얼마 되지는 않는답니다. 서점에서 책을 사긴 합니다만 사실 오래 전부터 한 달에 두 권 정도 사는 게 저의 현실입니다. 서점은 몇 번씩 가지만 꼭 사고 싶은 책을 찾는 것도 어렵고, 게으른 건지 어렵게 골라 아까운 돈 주고 산 책이라 하더라도 제대로 읽는 것도 쉽지 않고...

어떤 목사님이 책을 읽지 않는 목사는 게으르고 목사 자격이 없다고 질책하는데 찔렸습니다. 제가 그런 사람이거든요. 목사는 적어도 하루에 한 권의 책은 읽어야 한답니다. 나는 일 년에 두 권 정독하는 것 같지도 않은데 말입니다. 그 목사님은 책을 많이 읽으시는 분이라고 소문이 난 분입니다. 책을 많이 읽는 목사님에게 어떻게 읽느냐고 물었더니 보통 책을 10분이면 한 권 읽는답니다. 난 미칠 것 같았습니다. 저는 일주일을 읽어도 뭔 뜻인지 몰라 속이 상한 적이 한두 번이 아닌데 책 한 권을 10분만에 읽는답니다. 하기야 저도 그렇게 10분에 한 권 읽을 때가 있긴 있었습니다. 혹시 써 먹을만한 게 걸리지 않을까 해서 위 아래로 훑어가며 넘긴 거지요. 그렇게 본 책들은 허다합니다. 아마 500권은 족히 될 겁니다. 그런데 정말 내 속에 양식이 될 만하게 읽은 책은 소수에 불과하답니다.

일주일 동안만 해도 엄청난 책들이 쏟아져 나옵니다. 기독교 서적만을 봐도 그렇습니다. 목사님들의 소원 가운데 책 한 권 내는 것이 포함되어 있잖아요. 그래서 책을 내는 분들이 무척이나 많답니다. 그런데 슬픈 것은 신간 서적 코너에 올라와 보지도 못하고 보이지 않는 구석에서 폐지로 버려지길 기다리는 책들이 무수하다는 거지요. 저도 책을 썼고 또 쓰고 있지만, 제 책 역시 신간 코너에 올라가 보지도 못하고 없어지는 것이 아닌지...(슬픕니다!) 그렇게 많은 책이 출판되고 있지만 막상 사려고 하면 꼭 읽고 싶은 것을 찾기가 쉽지 않다는 겁니다.

설교하거나 성경을 가르칠 때도 반드시 책을 인용해야 하는 줄 알았던 때가 있었습니다. 긴 설교 중에 한두 번은 어떤 나라, 어떤 사상가, 철학자 혹은 정치가나 성공한 사람의 이름과 그들이 쓴 책의 제목을 말하면서 이런 말을 했다고 해야 하는 줄 알았던 겁니다. (요즘 설교할 때 한두 번은 웃겨야 괜찮은 설교자라는 소리를 듣는 것처럼 말입니다.) 어느 경우는 읽지도 못하고 읽어 본 적도 없는 주간 시사지 타임(The Time)지나 뉴스위크(Newsweek) 혹은 리더스 다이제스트 등의 날짜까지 들먹이면서 설교해야 공부 좀 한 목사라고 느낄 때가 있었던 거지요. 지금 떠올려 보니 얼마나 부질없는 생각을 하면서 살았는지 모릅니다.

왜 그렇게 책에 대한 미련을 가지고 살았나 생각해 보았습니다. 정말 무엇 때문에 나는 많은 책을 소유하고 싶었고, 독서를 많이 하는 목사로 보이고 싶었는가 정직하게 생각해 보았답니다. 대답은 어렵지도 복잡하지도 않고 아주 단순했습니다. 열등감 때문이었지요. 제 가장 밑바닥은 열등감으로 가득한 겁니다. 그래서 쌓여 있는 책들로 하여금 저를 사람들에게 공부하는 목사, 실력 있는 목사로 세뇌 시키면서 은연 중에 무시하지 말라는 메시지를 전한 겁니다. 내 속에 있는 열등감이 나를 속이면서 책과의 관계를 이상하게 만들었답니다.

또 하나는 (하나님께 무척이나 죄송합니다만) 내 속 깊은 곳에서 성경을 우습게 여기고 있었다는 고백입니다. 성경이 하나님의 말씀이라고 말하면서도 정작 설교하는 나는 성경을 우습게 여겼던 거지요. 성경 가운데 구원의 도리, 삶의 지혜와 지침이 완벽하게 있다고 외치면서도, 성경은 성령의 감동으로 쓰여진 책이기에 심장과 폐부를 찔러 쪼개는 능력이 있다고 말하면서도 나는 성경보다 더 영향력 있을 것 같은 유명한 사람이 쓴 책을 뒤지고 있었던 겁니다. 성경을 역사와 인생에 있어서 가장 훌륭한 책, 능력 있는 책이라고 하면서도 내 속 사람은 믿지 않았던 겁니다. 그래서 유명한 사람을 찾았고 그 유명한 사람의 책을 뒤졌고 알지도 못하는 사람의 멋진 글을 강단에서 인용하는 걸 자랑스럽게 생각했던 겁니다.

성경이 답이라고 말은 했지만 정작 나는 삶의 답을 엉뚱한 책에서 찾고 있었던 겁니다. 내가 하는 일 목회에 관한 것도 유명한(?) 사람이 쓴 책에 있는 줄 알고 책을 의지했던 거지요. 한 마디로 성경을 무시했던 겁니다.

책으로부터 많은 걸 배우기 때문에 독서는 귀한 일입니다. 그러나 책이 전부가 아닙니다. 책은 진리도 아닙니다. 책과의 관계 속에서 초라한 나의 모습을 본 후에 책을 많이 읽은 목사가 괜찮은 목사라는 이상한 관계(?)가 이제 깨졌답니다. 다독(多讀)이 바람직하지만 필수는 아니라는 걸 배웠답니다. 또한 그것으로 목사의 수준이 평가될 거라는 생각은 정말 크게 잘못된 것임을 깨달았습니다. 목사는 반드시 책과 가까운 사람이라는 인식을 지워버리려고 합니다. 난 정말 책을 읽지 않는 사람이거든요. 아니 읽어도 저자가 하는 말을 잘 모를 때가 많습니다. 다시 말하면 책을 읽지 않는 게 아니라 읽을 줄 모르는 사람이라는 걸 발견한 겁니다.

저는 파스칼을 모릅니다. 그가 쓴 「팡세」(번역본)라는 너무 두꺼워서 읽기도 전에 질려 서문을 읽다가 무슨 말인지 몰라 내팽개쳤답니다. 톨스토이의 작품은 기독교를 이해하는 데 절대적으로 필요한 문학이고 철학이라고 하더라구요. 그래서 유명하다는 그의 「부활」이라는 작품을 읽기 시작했는데 도무지 무슨 말인지 이해하지 못해 읽기를 중단했답니다. 하이데거라는 철학자, 키엘케고르, 헤겔, 니이체 등. '니이체' 라는 말이 나왔으니 웃긴 일이 생각납니다. 니이체는 「짜라투스트라는 이렇게 말했다」라고 하는 책에서 "신은 죽었다"고 했답니다. 설교 시간에 목사님들의 설교를 통해서 종종 들은 글귀였습니다. 그래서 저도 가끔 (오래 전입니다만) 그 말을 인용하면서 유신론을 무너뜨리려는 사람들을 공격했고 또 그런 말을 한 니이체를 무척이나 나쁜 사람으로 말하곤 했었답니다. 물론 그 책을 다 읽은 수준 높은 사람처럼 말입니다. 사실은 그 책이 어떻게 생겼나 해서 서점에 들러 구경한 적 밖에는 없습니다. 정말 두껍더라구요. 그 책을 본 순간 이런 두꺼운 책을 읽은 사람이 몇이나 될까 생각했답니다. 하여간 니이체가 신이 죽었다고 하는 말을 왜 했을까 해서 물어보기도 하고 책을 뒤져 보았지만 아는 사람도 없고 책 속에서도 찾지 못했답니다. 결국은 한참 후에 누군가가 알려 주더군요. 책 속에 짜라투스트라가 누군가와 이야기하다가 신경질이 난 김에 그런 말을 내뱉은 거였다고... 그러나 전해준 사람의 말이 사실인지도 아직 확인되지 않았답니다.

리더십, 성공의 비결, 인생에 관한 것, 시집(詩集), 부부관계, 경영학, 건강에 관한 것, 소설, 철학 이야기... 별별 주제의 많은 책이 시중에 나와 있답니다. 다양하게 많이 읽어야겠다는 생각을 포기하니 마음이 왜 이리 편한지 모르겠습니다. 책 많이 읽지 않으렵니다. 물 흐르는 대로 읽게 되면 읽겠습니다만, 안 읽으면 뒤쳐진다는 말로 사람을 주눅들게 하는 말에는 신경을 곤두세우지 않기로 했습니다. 많이 읽어도 기억에 남는 게 없구요, 사실 무슨 말인지도 모른답니다. 아는 척하고 싶은 교만한 마음만 꿈틀거린답니다. 남들은 인생에 도움이 된다고 하는데 제겐 그런 것 같지도 않구요...

성경도 제대로 모르면서 책을 동서남북으로 둘러 채워둔다는 게 우습잖아요. 성경도 제대로 알지도 못하면서 이해하지도 못하는 글귀와 사람 이름을 대면서 지식인인 체 하는 게 우습잖아요. 그래서 성경이라도 제대로 보기로 결심한 겁니다. 목사가 성경을 모르니 일반 성도들은 더 모를 수 있다는 생각이 들었습니다. 그래서 한 평생 성경을 깊게 공부해 보기로 했답니다. 읽다가 정 모르겠으면 주석을 뒤져서라도 이해하려고 했습니다. 주석은 성경을 이해하는 데 큰 도움이 되었습니다. 그 과정 속에서 마침내 지식인이라는 허울 좋은 취급만을 받기 위해서가 아니라 성경의 이해를 돕기 위해 책을 보아야 목사로서 사는 인생이 행복하다는 것을 터득하게 되었습니다.

성경을 알기 위해 마음먹고 공부하니 자유로워지더라는 겁니다. 설교할 때도 성경을 이야기하니 마음이 편해지구요. 내 말은 물론 어떤 훌륭한 사람의 말도 아닌 하나님의 말씀을 전하니 위험하지도 않고 미안하지도 않은 겁니다. 누가 무식하다고 말할지는 모르겠지만 그게 속 편하고 자신감도 생겼습니다. 사실 교회 오는 사람들이 얼마나 다양한지 모릅니다. 자기 분야에서는 그런대로 지식이 있고 까딱 잘못 말했다간 어느 누구에게 무식하다는 말을 들을지도 모르잖아요. 그러나 대부분 사람들은 성경을 잘 모른답니다. 혹 알고 있더라도 자신보다는 목사님이 더 잘 알 거라고 생각하지요. 그래서 교회에서 목사로부터 성경 이야기를 듣는 것을 당연하게 생각하기에 성경을 말할 때는 누구도 시비를 걸지 못하지요.

성경을 말하는 사람으로 살고 싶습니다. 제 직업이 목사인데 목사는 성경을 말하는 사람이기 때문입니다. 다른 거 모른다고 주께서 뭐라고 안 하실 겁니다. 그런데 성경을 모르면서 목회 한다면 목사로 부르신 주님이 얼마나 한심하게 생각하실까 하는 생각이 드네요. 아니 성도들도 성경을 모르는 목사라는 걸 안다면 얼마나 비웃을까 하는 생각이 듭니다. 성경을 모르면 주님에게도 성도에게도 찬 밥 신세라는 걸 깨달았답니다.

성경만을 살아계신 하나님의 말씀으로 증거하려고 열심을 냅니다만 왜 그리 성경을 모르고 있는지요. 성경이 왜 그리 어려운지 모르겠습니다. 정말 어려운 수학 문제보다 더 어려운 게 성경이라는 걸 알아갈 뿐입니다. 그런 수준으로 목회를 하는 제 모습이 한심하고 답답할 뿐입니다. 성경 공부 열심히 하겠다고 다짐하고 노력하며 지낸 햇수도 제법 오래 된 것 같은데 책상에 앉으면 지금 막 시작한 사람처럼 모르고 있는 것이 너무 많다는 느낌뿐이니 미칠 것 같습니다. 주님이 부르실 그 날이 성큼성큼 다가오고 있는데 성경을 이렇게도 모르고 주님께 갈 거라고 생각하니 숨이 막히는 것 같습니다.

성경 안에 모든 진리가 있다고 말하는 목사가 아니라 성경 안에 진리가 있음을 인정하는 목사이고 싶습니다. 성경 안에 진리가 있음을 알고 믿고 실천하는 목사이고 싶습니다. 목회자 사이에서도 많은 책을 가지고 있다든지 책을 많이 읽은 목사가 괜찮은 목사라고 인정을 받는 것보다는, 성경을 구석구석 잘 알고 성경을 정말 사랑하며 성경의 의미를 잘 전달하는 목사가 진정 괜찮은 목사라는 평가를 받으면 좋겠습니다. 법관이 육법(六法)전서를 구석구석 잘 알고 있는 것처럼, 자동차 정비공이 자동차에 대해선 빠삭하게 잘 알고 있는 것처럼, 군인이 군사지식에는 정통한 것처럼... 목사님들은 성경 66권 어디라도 구석구석 잘 알고 있는 분들이면 정말 좋겠습니다.

오늘도 그것 때문에 몸부림쳐 봅니다. 하나님이 도와주시길 바라면서 말입니다.